# हीर

कवर :

अब्दुल रहिमान चुगताई की कृति हीर।

धन्यवाद :

डॉ: बलबीर सिंह साहित्य केन्द्र, देहरादून।

नेशनल इंस्टीट्यूट आफ पंजाब स्टडीज, नई दिल्ली



संपादक : डॉ. नामवर सिंह

शृंखला संपादक : डॉ. मोहिन्द्र सिंह

संपादन सहयोग : नरेश 'नदीम'
ज. स. आनंद
डॉ. अवतार सिंह

कवर डिज़ाइन : दुष्यन्त पराशर

# हीर

वारिस शाह

संपादक
**नामवर सिंह**

नेशनल इंस्टीट्यूट आफ पंजाब स्टडीज़
अनामिका पब्लिशर्स एण्ड डिस्ट्रीब्यूटर्स (प्रा.) लिमिटेड

नेशनल इंस्टीट्यूट आफ पंजाब स्टॅडीज़ के सहयोग से प्रकाशित
अनामिका पब्लिशर्स एंड डिस्ट्रीब्यूटर्स (प्रा.) लिमिटेड
4697/3, 21-ए, अंसारी रोड, दरियागंज, नई दिल्ली 110002
फोन : 011-23281655, 011-43708938
E-mail: anamikapublishers@yahoo.co.in

संस्करण : 2024



आई.एस.बी.एन. 978-81-7975-221-0

मूल्य 499/-

भारत में मुद्रित

अनामिका पब्लिशर्स एंड डिस्ट्रीब्यूटर्स (प्रा.) लिमिटेड, 4697/3, 21-ए, अंसारी रोड, दरियागंज, नई दिल्ली 110002 द्वारा प्रकाशित। शिवानी कम्प्यूटर्स, दिल्ली 110093 द्वारा शब्दांकित एवं विकास कंप्यूटर एंड प्रिंटर्स, ट्रॉनिका सिटी, गाजियाबाद में मुद्रित।

# प्राक्कथन

नेशनल इंस्टीट्यूट आफ पंजाब स्टडीज की स्थापना 1990 में पंजाबी जीवन की सजीवता तथा साहित्य को उन्नत करने के पहलू से की गई थी। कुछ समय उपरांत पंजाब यूनिवर्सिटी, चंडीगढ़ द्वारा इसको उच्चतर शिक्षा के सेंटर की मान्यता दे दी गई। शोध के अतिरिक्त इंस्टीट्यूट लेक्चरों, सेमिनारों और कॉन्फ्रेंसों का आयोजन भी करता है। कुछ कॉन्फ्रेंसों का आयोजन मल्टीकल्चरल एजुकेशन विभाग, लंदन यूनिवर्सिटी, साउथ एशियन स्टडीज विभाग, मिशीगन यूनिवर्सिटी और सेंटर फार ग्लोबल स्टडीज, कैलिफोर्निया यूनिवर्सिटी, सेंटा बारबरा के सहयोग से किया गया है। स्वतंत्रता के पचास वर्ष के अवसर पर इंस्टीट्यूट ने 1999 में इंडिया इंटरनेशनल सेंटर, नई दिल्ली के सहयोग से एक अंतर्राष्ट्रीय सेमिनार 'बँटवारा तथा अतीतदर्शी' का आयोजन किया। महाराजा रणजीत सिंह पर एक राष्ट्रीय सेमिनार का आयोजन दिसंबर 2001 में किया गया।

1999 में खालसा पंथ के स्थापना की तीसरी शताब्दी पर्व के अवसर पर इस संस्थान ने एक बड़ी योजना शुरू की जिसके अंतर्गत खोज टीम ने निर्देशक के नेतृत्व में भारत, पाकिस्तान तथा इंग्लैंड आदि देशों में घूम-घूमकर सिख स्मृति चिह्नों की एक सूची तैयार की। ये चिह्न सिख गुरुओं व अन्य ऐतिहासिक व्यक्तियों से संबंधित हैं जिन्होंने खालसा पंथ को सही रूप से चलाने में सराहनीय योगदान दिया है।

हमारी खोज की उपलब्धियों को आम लोगों तक पहुँचाने के लिए और उन अनमोल वस्तुओं को सँभालने के प्रति जागृति पैदा करने हेतु इंस्टीट्यूट द्वारा चार सचित्र पुस्तकें *गोल्डन टेंपल, आनंदपुर, हेमकुंट* तथा *महाराजा रणजीत सिंह* पंजाब हेरिटेज सीरीज के अंतर्गत प्रकाशित की गईं। इन पुस्तकों का पिछले साल गुरु नानक देव जयंती पर राष्ट्रपति भवन में विमोचन किया गया।

दूसरे पड़ाव में इंस्टीट्यूट ने पंजाबी परंपरागत साहित्य पर आधारित पुस्तकें–*हीर, सोहणी महींवाल, बुल्लेशाह की काफियाँ* तथा *बाबा फरीद*–को देवनागरी लिपि में प्रकाशित किया है ताकि वह जनसमूह जो पंजाबी भाषा से परिचित नहीं है, पंजाब के इस धरोहर से परिचित हो सके। इसके अतिरिक्त पंजाब के इतिहास और संस्कृति पर अनमोल मूल साहित्य का अनुवाद भी कराया जा रहा है।

नेशनल इंस्टीट्यूट आफ पंजाब स्टडीज इस समूचे कार्य की संपूर्णता तथा प्रकाशन के लिए संस्कृति विभाग, भारत सरकार तथा राष्ट्रीय राजधानी दिल्ली सरकार की वित्तीय सहायता के प्रति आभार प्रकट करता है। इंस्टीट्यूट की कार्यकारी समिति तथा स्टाफ के सक्रिय सहयोग के बिना इन पुस्तकों का प्रकाशन संभव नहीं था जिसके लिए मैं उनका भी आभारी हूँ।

नेशनल इंस्टीट्यूट आफ पंजाब स्टडीज
भाई वीर सिंह साहित्य सदन
नई दिल्ली–110 001

मनमोहन सिंह
मनमोहन सिंह
अध्यक्ष

# पंजाब की सांझी विरासत का स्वागत

बाबा फरीद के सलोक, बुल्ले शाह की काफियाँ, वारिस शाह की हीर और फजल शाह का किस्सा सोहणी-महींवाल ये सब पंजाबी साहित्य की अत्यंत लोकप्रिय और कालजयी कृतियाँ हैं। पंजाब के इन मुसलमान सूफी संतों ने दिव्य प्रेम की ऐसी धारा प्रवाहित की जिससे संपूर्ण लोकमानस रस से सराबोर हो उठा और इसी के साथ एक ऐसी सांझी संस्कृति भी विकसित हुई जिसकी लहरों से मजहबी भेद-भाव की सभी खाइयाँ पट गईं।

पंजाबी साहित्य की यह बहुमूल्य विरासत एक तरह से संपूर्ण भारतीय साहित्य की भी अनमोल निधि है। लेकिन बहुत कुछ लिपि के अपरिचय और कुछ-कुछ भाषा की कठिनाई के कारण पंजाब के बाहर का बृहत्तर समाज इस धरोहर के उपयोग से वंचित रहता आया है। वैसे, इस अवरोध को तोड़ने की दिशा में इक्के-दुक्के प्रयास पहले भी हुए हैं। उदाहरण के लिए कुछ समय पहले प्रोफेसर हरभजन सिंह शेख फरीद और बुल्ले शाह की रचनाओं को हिंदी अनुवाद के साथ नागरी लिपि में सुलभ कराने का स्तुत्य प्रयास कर चुके हैं। संभव है, इस प्रकार के कुछ और काम भी हुए हों।

लेकिन वारिस शाह की हीर और फजल शाह का किस्सा सोहणी-महींवाल तो, मेरी जानकारी में, हिंदी में पहले-पहल अब आ रहे हैं और कहना न होगा कि इस महत्वपूर्ण कार्य का श्रेय नेशनल इंस्टीट्यूट आफ पंजाब स्टडीज को है। ये चारों पुस्तकें 'पंजाब हेरीटेज सीरीज' के अंतर्गत एक बड़ी योजना के साथ तैयार की गई हैं। मुझे इस योजना से परिचित करवाने और फिर एक प्रकार से संयुक्त करने की कृपा मेरे आदरणीय शुभचिंतक प्रोफेसर अमरीक सिंह ने की है और इसके लिए मैं उनका आभार मानता हूँ।

सच पूछिए तो आज हिंदी में हीर को देखकर मुझे फिराक साहिब का वह शे'र बरबस याद आता है :

दिल का इक काम जो बरसों से पड़ा रक्खा है<br>
तुम ज़रा हाथ लगा दो तो हुआ रक्खा है।

हीर को हिंदी में लाना सचमुच दिल का ही काम है और ऐसे काम को अंजाम देने के लिए दिल भी बड़ा चाहिए। पंजाब भारत का वह बड़ा दिल है–इसे कौन नहीं जानता! फरीद, बुल्ले शाह, वारिस शाह, फजल शाह–ये सभी उसी दिल के टुकड़े हैं। आज हिंदी में इन अनमोल टुकड़ों को एक जगह जमा करने का काम जिस 'हाथ' ने किया है उसका नाम है 'नेशनल इंस्टीट्यूट आफ पंजाब स्टडीज'! इस संस्थान ने सचमुच ही आज अपना हक अदा कर दिया। मेरा भी डरो रात श्री अबाल।

( नामवर सिंह )

27-11-2002

# परिचय

## वारिस शाह : सुखन का वारिस

हीर और राँझा पंजाबियों के लिए दो ऐसे शब्द हैं जैसे हवा और पानी। इनके बिना पंजाबियों को कुछ भी रास नहीं आता, उनकी प्यास नहीं मिटती। बात स्त्री और पुरुष की हो या आत्मा और परमात्मा की, सभ्यता की हो या राजनीति की, बात आज की हो या पुरानी, इनके बिना संपूर्ण नहीं होती। जब से चनाब के किनारे ये दो जिंदगियाँ ऐसे मिलीं जैसे पानी को पानी मिलता है, इनको कोई अलग नहीं कर पाया। इनके बिछड़ने की बात पंजाबियों की रूहों को कँपा जाती है। दमोदर, मकबूल, वारिस तथा भगवान सिंह ही नहीं, भाई गुरदास, बुल्ले शाह, शाह हुसैन तथा और भी अनेक कवि अपनी रचनाओं में इनको सम्मान भरी जगह देते हैं। दशम ग्रंथ के पाखयान चरित में हीर को पिछले जन्म की मेनका तथा राँझे को पिछले जन्म का इंद्र कह कर उनका रिश्ता पूर्ववर्ती मिथिहास के साथ जोड़ा गया। इस कथा का मान उस समय एक अद्वितीय ऊँचाई को छू लेता है जब इस का बारीकी से जिक्र गुरु गोविंद सिंह जी द्वारा उच्चारित शबद में स्थान प्राप्त कर लेता है-

मित्तर प्यारे नूँ
हाल मुरीदाँ दा कहणा
तुध बिन रोग रजाइयाँ दा ओडन
नाग निवासाँ दे रहणा
सूल सुराही खँजर प्याला
बिन्ग कसाइयाँ दा सहणा
यारड़े दा सानूँ सथर चँगा
भठ खेड़याँ दा रहणा

बीसवीं सदी की आधुनिकता भी हीर-राँझे की कथा की प्रासंगिकता को खत्म नहीं कर सकी। पंजाबियत की आत्मा को परिभाषित करने वाला महाकवि पूरन सिंह हीर को बहन तथा राँझे को वीर कह के पुकारता है-

आ वीरा राँझया
आ भैणे हीरे
सानूँ छड ना जाओ
बिन तुसां असीं सखणे

राँझे को तो पूरन सिंह गुरु का सिख मान लेता है-

रांझेटड़े दे निक्के वड्डे भरा सारे
बेलियाँ ते रुक्खाँ विच कूकाँ मारदे
बाल नाथ पछताया राँझे नूँ जोग दे के
सतिगुरां दे सिख नूँ हथ पा रोया
इस जट-मत विच जोरां दा जोग सी
देख हैरान परेशान होया, बखशया
टोरिया टिले थीं असीस दे हारया
ते मचला जट आखे
मुंदराँ लै आपणियाँ मोड़ बावा
ते कन्न मेरे मुड़ सबूत कर भलेमाणसा
कन्नां नूँ काहनूँ चा पाड़या?
जोग दी मैंनूँ की लोड़ सी? नाथा दस्स खां?
मैं सिखया सी नाम प्यार दा
ते हडां विच प्यार पया खड़कदा
नाम पया वजदा

अमृता प्रीतम को 1947 की त्रासदी के समय वारिस का ध्यान आना तथा अमृता की उस कविता का पंजाबियों के दिलों में घर कर जाना पंजाबी आत्मा में हीर-राँझे की कथा के समाए होने की एक अचेत मगर अकाट्य गवाही है-

अज आखाँ वारिस शाह नूँ कितों कबराँ विचों बोल
ते अज किताबे-इशक दा कोई अगला वरका फोल
इक रोई सी धी पंजाब दी तूँ लिख लिख मारे वैण
अज लक्खाँ धीयाँ रोंदियाँ तैनूँ वारिस शाह नूँ कहन...
जित्थे वजदी सी फूक प्यार दी वे ओह वँझली गई गवाच
राँझे दे सभ वीर अज भुल गए उहदी जाच

मैं 1980 के दशक के पंजाब-संकट के समय की एक याद भी यहाँ अंकित करना चाहता हूँ। यह 1985 की बात है। पंजाबी भवन, लुधियाना के खुले रंगमंच में सम्मेलन था। उर्दू शायर कैफी आज़मी की पत्नी मुहतरमा शौकत आज़मी भी हाज़िर थीं। अमरजीत सिंह गुरदासपुरी को हीर वारिस गाने के लिए पुकारा गया। वह हिजरतों के दिन थे। हिंदू पंजाब से तथा सिख पंजाब की ओर हिजरत कर रहे थे। गुरदासपुरी की जबान पर हीर का जो बंद आया, समय के साथ उसके एकाकार होने के कारण, वारिस के बयान तथा गायक की दर्द-भरी आवाज के कारण कितनों की आँखें नम हो गईं-

आख राँझिया भाए की बणी तेरे, देश आपणा छड सिधार नाहीं
वीरा अंबड़ी जाया जाहि नाहीं सानूँ नाल फिराक दे मार नाहीं
एह बांदियाँ ते असीं वीर तेरे, कोई होर विचार विचार नाहीं

बखश देह गुनाह तूँ भाबियाँ दे, कौण जमिया जो गुनाहगार नाहीं
भाइयाँ बाझ ना मजलिसाँ सोहंदियाँ ने, अते भाइयाँ बाझ बहार नाहीं
भाई मरन तां पैंदियाँ भज बाहीं, बिना भाइयाँ दे घर बार नाहीं
लख ओट है भाइयाँ वसदियाँ दी, भाइयाँ गियाँ दे काई हार नाहीं
भाई ढाहुँदे भाई उसारदे ने, वारिस बाझ भाइयाँ सोभ संसार नाहीं

हीर और राँझे की प्रेम-कहानी को दमोदर से लेकर सूबा सिंह तक अनेक कवियों ने लिखा, यहाँ तक कि प्रो. मोहन सिंह ने भी एक बार हीर और राँझे का किस्सा लिखना आरंभ किया। शायद कोई और किस्सा नहीं जिसे इतने कवियों ने लिखा हो। पर जिस तरह मिर्ज़ों में से मिर्ज़ा पीलू का, सस्सीयों में से सस्सी हाशम की, उसी तरह हीरों में से हीर वारिस शाह की। मुहम्मद बख्श ने वारिस को सुखन का वारिस कहा-

वारिस शाह सुखन दा वारिस निंदे कौण उन्हाँ नूँ
शे'र उहदे ते उँगली धरनी नाहीं कदर आसाँ नूँ

नजम हुसैन सैयद ने हीर वारिस को किताबों में किताब कहा। युग-कवि मोहन सिंह ने अपने आप को वारिस शाह के रंग में गाने वाला कवि कहा।

वारिस शाह ने हीर और राँझे की प्रेम-कहानी को लेकर अपने समय के पंजाब के सारे रिश्तों के ताने-बाने को उजागर कर दिया। हीर और राँझा वह चाँद-सूरज हैं जिनकी रोशनी में सोया जागा सारा संसार दिखाई देता है। बेशक यह रोमांस की कहानी है, पर इस कहानी के पैर पूरी तरह जमीन के ऊपर हैं और बात जमीन बाँटने से शुरू होती है, जमीन जिस में से फूल खिलते हैं, फसलें उगती हैं, पर जमीन जिस को बाँटते वक्त मनुष्य एक दूसरे का खून बहाने तक जाते हैं। आठ लड़कों तथा दो लड़कियों का पिता मौजू चौधरी, जिसका समाज में बहुत मान वाला स्थान है, सरकारी तथा दरबारी जगहों पर भी मान है, जब वह मरा तो सबसे छोटे, कुँवारे तथा लाडले बेटे धीदो के सिर मुसीबतों का पहाड़ टूट पड़ा। जमीन के बँटवारे के समय रिश्वतें चलीं। बड़े भाइयों ने पंचों तथा भाइयों को रिश्वत देकर अपनी ओर कर लिया तथा बाँसुरी बजाने वाले राँझे के हिस्से में बंजर जमीन आ गई-

हजरत काजी ते पैंच सदाय सारे भाइयाँ जिमीं नूँ कछ पवाया ई
वढी दे के भुऐं दे बणे वारिस, बंजर जिमीं रँझेटे नूँ आया ई

बात बंजर जमीन की भी थी और उन भाइयों के बंजर मनों की भी जिनमें गरज के बिना कुछ नहीं उगता, और अपने हिस्से आए इन सारे बंजरों को छोड़ कर राँझा अपना गाँव छोड़ कर चल दिया। जाते हुए को भाबियों ने भी रोका और भाइयों ने भी, पर वह जो दिलों की कड़वाहट देख चुका था उसको शब्दों की मिठास रोक न सकी और वह चनाब के पत्तन लांघ आया।

हीर और राँझे की बात एक किनारे से चली, हटी-भठी पहुँची, दर-दरवाजे गई, सथ्थ तक पहुँची, माँ मलकी के लिए कलेजे का शूल बनी, बाप और भाइयों के लिए मरने की जगह। कैदो उस बात के पलीते को आग का झंडा बना के आँगन-आँगन उठाए घूमता रहा और आखिर

में वही हुआ जो अकसर होता है। हीर का विवाह सैदा खेड़े से मुकर्रर कर दिया गया। शालू-फुलकारियाँ, गहने-गोटे, कपड़े-लत्ते... वारिस शाह की ओर से कमरों के कमरे भर दिए गए। लगता है कि जैसे कह रहे हों कि हीर के माँ-बाप इन चीजों के नीचे हीर-राँझे के प्यार के हर विवरण को ओझल कर देना चाहते हैं। पर हीर की आवाज इस सब के नीचे से आग की तरह जल उठती है-

लै वे राँझिया वाह मैं लाय थकी, मेरे वस थीं गल बेवस होई
काजी मापियाँ भाइयाँ बन टोरी, साडी तैंडड़ी दोसती भस होई
घर खेड़ियाँ दे नहीं वसणा मैं, साडी इन्हां नाल खड़खस होई
जाह जीवाँगे मिलाँगे रब मेले हाल साल तां दोसती बस होई
वारिस शाह तों पुछ के वेख लै लेख मेरे, होणी हीर निमाणी दी सस होई

वारिस शाह ने अपने जमाने के पंजाबी समाज के हर ब्यौरे को अपनी कथा में पिरो दिया। इसी लिए तानों, गालियों, मेहनों और मजाक से लेकर हम्द-सना तक की शब्दावली उनकी किताब में सुरक्षित पड़ी है। यह बहु रंगा शायर हर झाँकी के चित्रण का माहिर है।

अपनी जिंदगी के सब से उदास बोल शायद हीर उस समय बोलती है जब राँझा जोगी का भेस बना कर हीर को मिलने रंगपुर जाता है। किस्से का यह हिस्सा उदासी और संगीत का शिखर छूता प्रतीत होता है। इस बंद में लंबी जुदाइयों का ज़िक्र है। पंजाब जुदाइयों का देस है, बहुत कम धरतियाँ होंगी जिन्होंने इतनी जुदाइयाँ देखीं हों। शायद इसी कारण हीर वारिस का यह बंद सबसे ज्यादा बार गाया जाने वाला बंद है-

हीर आखदी जोगिया झूठ आखें कौण रुठड़े यार मनांवदा ई
ऐसा कोई ना मिलिया मैं ढूँढ़ थकी जिहड़ा गयाँ नूँ मोड़ लयांवदा ई
साडे चम दियां जुतियाँ करे जोगी जिरड़ा जिउ दा रोग गवांवदा ई
भला मोए ते विछड़े कौण मेले, ऐवें जीउड़ा लोक वलांवदा ई
इक बाज थों काऊँ ने कूँज खोही वेखाँ चुप है कि कुरलांवदा ई
इक जट दे खेत नूँ अग लगी वेखाँ आयके कदों बुझांवदा ई
देवां चूरियाँ घिओ दे बाल दीवे वारिस शाह जे सुणाँ मैं आंवदा ई

दमोदर की हीर के विपरीत वारिस की हीर का अंत दुख-भरा है। बेशक न्यायप्रिय राजा फैसला हीर और राँझे के हक में देता है, पर सियाल के भाईचारे को यह अंत मंजूर नहीं-

सियालां बैठ के सथ विचार कीती भले आदमी गैरताँ पालदे नी
यारो गल मशहूर जहान उते सानूँ मिहणे हीर सियाल दे नी
पत रहेगी ना जे तोर दिती नढड़ी नाल मुंडे महींवाल दे नी
कोई कचकड़ा लाल ना हो जांदा जे परोईये नाल उह लाल दे नी
जहर दे के मारीये नढड़ी नूँ गुनाहगार हो जल जलाल दे नी।
मार सटिया हीर नूँ माँपियाँ ने वढा जुलम कीता नाल लाल दे नी
सानूँ जनती साथ रलावणा ऐं असाँ आसरे फजल कमाल दे नी
जिहड़े दोजखाँ नूँ बन टोरियनगे वारिस शाह फकीर दे नाल दे नी

हीर की मौत का पत्र राँझे के हाथों तक पहुँचा। हाथों तक पहुँचा तो पत्र था, पर मन तक पहुँचा तो जैसे जहर बुझा खंजर था। राँझे की मौत के साथ किस्सा खत्म हो जाता है। वारिस की हीर का यह उदास अंत भी इसकी शक्ति है। उदास अंत ही तो नई शुरुआत के लिए ललकार बनते हैं। उदास अंतों की आग ही तो सभ्यता के पुनर्निर्माण में सहायक होती है।

सैयद वारिस शाह का जन्म आज के गुजराँवाला जिले में शेखूपुरे के समीप गाँव जंडियाला शेरखान में हुआ। वारिस शाह ने प्रारंभिक शिक्षा अपने गाँव जंडियाला में ही प्राप्त की। परंतु उच्च शिक्षा के लिए वह कसूर आकर मौलाना हाफिज गुलाम मुर्तजा के शागिर्द बन गए। कई शोधकर्ता ऐसे भी कहते हैं कि वारिस शाह और बुल्ले शाह दोनों गुरुभाई थे और कसूर के प्रसिद्ध फकीर इनायत शाह कादरी के चेले थे पर इस तथ्य को शोध द्वारा प्रमाणित नहीं किया जा सका है।

वारिस शाह के जन्म का साल डॉ. जीत सिंह शीतल के अनुसार 1704, संत सिंह सेखों के अनुसार 1738 के समीप है और प्यारा सिंह पदम के अनुसार 1720 के समीप है। सो वारिस शाह के जन्म का साल के बारे में प्रामाणिकता से कुछ नहीं कहा जा सकता। पर हीर का किस्सा मुकम्मल करने की तिथि के बारे में वारिस शाह ने स्वयं यह लिखा है-

सन गयारह सौ अस्सीया नबी हिजरत, लम्मे देस दे विच तियार होई

इस आंतरिक साक्ष्य के अनुसार यह किस्सा 1766 ई. में मुकम्मल हुआ। अपने मुकम्मल होने की तारीख से लेकर अब तक हीर वारिस पंजाबी के चिंतकों, आलोचकों, पाठकों, स्रोतों और गायकों के ध्यान और प्यार का केंद्र रही है। शायद किसी ओर पुस्तक में पंजाबी सभ्यता और पंजाबी समाज के साथ पंजाबी भाषा की खूबसूरती और शक्ति के इतने आयाम, इतनी परतें और इतने रंग नहीं देखे जा सकते।

नेशनल इंस्टीट्यूट आफ पंजाब स्टडीज द्वारा *हीर* का यह खूबसूरत और प्रामाणिक प्रकाशन वारिस शाह के प्रति और उसके माध्यम से पंजाबी भाषा, साहित्य और पंजाबियत के प्रति प्यार प्रकट करने की एक सार्थक और सुंदर अदा है। पंजाबी शायरी के उपासकों को यह अमोल उपहार देने के लिए मैं नेशनल इंस्टीट्यूट आफ पंजाब स्टडीज को मुबारकबाद और शुक्रगुजारी पेश करता हूँ।

सुरजीत पातर

सुरजीत पातर

पत्रकारिता, भाषा एवं संस्कृति विभाग
पंजाब कृषि विश्वविद्यालय, लुधियाना

1

अवल हमद[1] खुदा दा विरद[2] कीजे इश्क कीता सु जग दा मूल मियां
पहिलां आप ही रब्ब ने इशक कीता ते माशूक है नबी रसूल[3] मियां
इशक पीर फकीर दा मरतबा है मरद इशक दा भला रसूल मियां
खुले तिनां दे बाग कलूब[4] अंदर जिन्हा कीता है इशक कबूल मियां

2

दूई ना'त रसूल मकबूल वाली जैंदे हक्क नज़ूल[5] लोलाक[6] कीता
खाकी आख के मरतबा वडा दित्ता सब खलक दे ऐब तों पाक कीता
सरवर[7] होए के औलिआ अंबीआ दा अगे हक्क दे आप नू ख़ाक कीता
करो उमती उमती रोज़ किआमत खुशी छडके जीउ गमनाक कीता

3

चारे यार रसूल दे चार गौहर[8] सभे इक थीं इक चड़्हंदड़े ने
अबू बकर ते उमर, उसमान, अली आपो आपणे गुणीं सोहंदड़े ने
जिना सिदक यकीन तहिकीक कीता राह रब्ब दे सीस विकंदड़े ने
शोक सिदक यकीन तहिकीक कीता वाह वाह ओह रब्ब दे बंदड़े ने

4

मदह[9] पीर दी हुब्ब[10] नाल कीचे जैंदे खादमा विच वी पीरिआं नी
बाझ ओस जनाब दे पार नाही लख ढूंढ़दे फिरन फकीरिआं नी
जिहड़े पीर दी मेहर मनज़ूर होए घर तिनहां दे मीरिआं पीरिआं नी
रोज़े हशर ने पीर दे तालबां नूं हथ सजड़े मिलणगिआं चीरिआं नी

5

मौदूद[11] दा लाडला पीर चिश्ती शकरगंज मसऊद भरपूर है जी
बाइआं कुतबां दे विच है पीर कामल जैंदी आजज़ी ज़ुहद मनज़ूर है जी
खानदान विच चिशत दे कामलीअत शहिर फकर दा पटण[12] मशहूर है जी
शकरगंज ने आणि मकान कीता दुख-दरद पंजाब दा दूर है जी

---

1. स्तुति। 2. सिमरन, जाप। 3. हज़रत मुहम्मद। 4. दिल। 5. नाज़िल किया। 6. दुनिया में। 7. सरदार। 8. मोती। 9. तारीफ। 10. प्यार। 11. जिस में मौदूदी फिरका चला। 12. पाक पटण।

6

यारां असां नूं आन सवाल कीता इशक हीर दा नवां बनाइये जी
इस प्रेम दी झोंक दा सब किस्सा जीभ सोहणी नाल सुनाइये जी
नाल अजब बहार दे शेअर करके रांझे हीर दा मेल मिलाइये जी
नाल दोसतां मजलसां[1] विच बह के मजा हीर दे इशक दा पाइये जी

7

हुकम[2] मन्न के सजनां प्यारयां दा किस्सा अजब बहार दा जोड़या ए
फिकरा जोड़ के खूब दरूसत कीता नवां फुल गुलाब दा तोड़या ए
बहुत जीउ दे विच तरतीब करके फरहाद पहाड़ नूं फोड़या ए
सभा वीन के ज़ेब बना दिता जेहा अतर गुलाब नचोड़या ए

8

इक तखत हजारे दी गल कीजे जित्थे रांझयां रंग मचाया ए
छैल गभरू मसत अलबेलड़े नी सुंदर इक थीं इक सवाया ए
वाले कोकले मुंदरे मझ[3] लुंगी नवां ठाठ ते ठाठ चड़हाया ए
केही सिफत हज़ारे दी आख सकां गोया मिशत ज़मीं ते आया ए

9

मौजू चौधरी पिंड दी पांध[4] वाला चंगा भाइयां दा सरदार आहा
अठ पुत्र दो बेटियां तिसदिआं सन वडा टबर अते परिवार आहा
भले भाइआं विच प्रतीत उसदी मंनिआ चोंतरे विच सरकार आहा
वारस शाह एह कुदरतां रब्ब दीयां ने धीदो नाल उस बहुत पयार आहा

10

बाप करे पयार ते भाई वैरी डर बाप दे हथों पये संगदे ने
गुझे मेहणे मारदे सप वांगूं उसदे कालजे नूं पये डंगदे ने
कोई वस ना लगदा कड छडन देंदे मेहणे रंग बरंग दे ने
वारस शाह एह गरज है बहुत पयारी होर साक ना सैन ना अंग दे ने

---

1. महफिल। 2. अवाल मनणा। 3. कमर तोड़। 4. पत, इज़्ज़त।

11

तकदीर सेती मौजू फौत होया[1] भाई रांझे दे नाल खहेड़दे ने
खाये रज के घूरदा फिरे रन्ना कढ रिकतां[2] धीदो नूं छेड़दे ने
नित सजरा[3] घाव कलेजड़े दा गलां त्रिखियां नाल उचेड़दे ने
भाई भाबीयां वैर दीयां करन गलां एहो झिंजटां नित नबेड़दे ने

12

हजरत काज़ी ते पैंच सदा सारे भाइयां जिमीं नूं कछ पवाइयां ई
वढी दे के जिमीं लै गये चंगी बंजर जिमीं रंझेटे नूं आइया ई
कछां मार शरीक मजाक करदे भाइयां रांझे दे बाब बनाइया ई
गल भाइयां भाबिआं एह बना छडी मगर जट दे फकड़ी लाइया ई

13

पिंडा छांट के आरसी नाल देखन तिनां ढंग केहा हल वाहुना ई
पिंडा पाल[4] के चोपड़े पटे जिहना किसे रन्न की उहनां नूं चाहुना ई
जिहड़ा भूईं दे मामले करे मुंडा एस तोड़ ना मूल निबाहुना ई
दिहें वंझली वाहे ते रात गावे किसे रोज दा ऐह प्राहुना ई

14

रांझा जौतरा वाह के थक रिहा लाह अरलियां छाउं नूं आंवदा ए
भता आन के भाबी ने कोल धरया हाल आपना रो विखांवदा ए
छाले पये ते हथ ते पैर फुटे सानूं वाही दा कम ना आंवदा ए
भाबी आखया लाडला बाप दा सैं अते खरा प्यारड़ा माउंदा ए

15

रांझा आखदा भाबियो वैरनो नी तुसां भाइयां नालों विछोड़या जे
खुशी रूह नूं बहुत दिलगीर करके तुसां फुल गुलाब दा तोड़या जे
सके भाइयां नालों विछोड़ मैंनूं कंडा विच कलेजे दे पोड़या जे
भाई जिगर ते जान सां असीं अठे वखो वख न चाए विछोड़या जे
नाल वैर दे रिकतां छेड़ भाबी, सानूँ पिटणा होर चमोड़िया जे
जदों साफ हो टुरनगियां वल जन्नत वारस शाह दी सांग न मोड़या जे

---

1. चल बसा। 2. मखौल। 3. ताज़ा। 4. शौकीन।

16

करे आकड़ां खाके दुध चावल एह रज के खान दीयां मसतियां ने
आखन देवर नाल निहाल होइयां सानूं सभ शरीकनां हसदियां ने
एह रांझे दे नाल हन घयो शकर पर जीउ दा भेत न दसदियां ने
रन्नां डिगदियां देख के छैल मुंडा जिवें शहद विच मखियां फसदियां ने
इक तूं कलंक हैं असां लगा होर सब सुखालियां वसदियां ने
घरों निकलें जदों तूं मरें भुखा भुल जाण तैनूं सभे मसतियां ने

17

तुसां छतरे मरद बना दिते सप रसियां दे करो डारीयो नी
राजे भोज दे मुख लगाम दे के चढ़ दौड़ियां हो टूनेहारीयो नी
कैरों पाडवां दी सभ गाल सुटी ज़रा गल दे नाल बुरियारीयो नी
रावण लंक लुटायके गरक होया कारन तुसां दे ही हैंसियारीयो नी

18

भाबी आखदी गुंडया मुंडया वे साडे नाल की रिक्तां चाइयां नी
वली जेठ ने जिहना दे फतू देवर डुब मोइयां ओह भरजाइयां नी
घरो घरी विचारदे लोक सारे सानूं केहियां फाहिआं पाइयां नी
वारस गल न बनेगी नाल साडे परना लया स्यालां दीयां जाइयां नी

19

मुंह बुरा दिसंदड़ा भाबीए नी सड़े होई फकीर क्यों साड़नी एं
तेरे गोंचरा कम की पिया मेरा सानूं बोलियां नाल क्यों मारनी एं
कोठे चाढ़ के पौड़ियां खिच लैंदी केहे कलहां[1] दे महल उसारनी एं
वारिस शाह दे नाल की पिआ तैंनू पर पेकयां वलों गवारनी एं

20

सिधा होके रोटियां खा जटा अतां कास नूं एडीयां चाइया[2] नी
घर बाहर वसार खवार[3] होइयां झोकां प्रेम दीयां जिहना नूं लाइयां नी
जुलफां कालियां कुंडियां नाग काले जोकां हिक ते आन बहाइयां नी
वारस शाह एह जिहनां दा चंद देवर घोल घतिआं सभ भरजाइयां नी

1. कलह, लड़ाई। 2. भौहें क्यों चढ़ाई। 3. बदनाम।

21

अठखेलया[1] अहंल[2] दीवानया वे थुकां मोढयां दे उतों सटना एं
चीरा बंन के भंबड़े[3] वाल चोपड़ विच त्रिंजणा फेरियां घतना एं
रोटी खांदयां लून जे पवे थोड़ा चा अंगणे विच पलटना एं
कम करें नाहीं हच्छा खाएं पहनें जढ़ आपने आप नूं पटना एं

22

भुल गए हां वड़े हां आन वेहड़े सानूं बखश लै डारीए वासता ई
हत्थों तेरिओं देस मैं छड जासां वस्सीं देस हैंसियारीए[4] वासता ई
दिन रात तूं जुलम ते लक्क बधा मुड़ीं रूप शिंगारीए वासता ई
नाल हुसन दे फिरे गुमान लदी समझ मसत हंकारीए वासता ई
वारस शाह नूं मार ना भाग भरीए अनी मुणस दी पयारीए वासता ई

23

साडा हुसन पसंद न लयावना एं जा हीर सयालां दी वयाह लयावीं
वाह वंजली प्रेम दी घत जाली कोई नढी सयालां दी फाह लयावीं
तैनूं वल है रन्नां वलावने दा रानी कोकलां महल तों लाह लयावीं
वारस शाह जे कढनी मिले नाहीं रातीं कंध पछवाड़यों ढाह लयावीं

24

नढी सयालां दी व्याहके लयावसां मैं करो बोलियां नाल ठठोलियां नी
बहे घत पीढ़ा वांग रानियां दे अगे तुसां जेहियां होवन गोलियां नी
मझू वाह विच बोड़ीए भाबियां नूं होण तुसां जहियां बड़बोलियां नी
वारस बस करो असीं रज रहे भर दितियां जो तुसां झोलियां नी

25

केहा भेड़ मचाया ई कचया वे मत्था डाहया ई सौंकनां वांग केहा
जाह सजरा कम्म गवा नाहीं हो जासीया जोबन फेर बेहा
रांझे खा गुस्सा सिर धौल मारी केही चबड़ी उस नूं जिवें लेहा
रांझा हो गुस्से उठ रवां[5] होया भाबी रख ओह तां नांह रेहा
हत्थ पकड़ के जुतियां मार बुकल रांझा हो टुरया वारस शाह जेहा

---

1. नट-खट। 2. मौजी। 3. घुंघराले। 4. कातिल। 5. चल पड़ा।

26

खबर भाइयां नूं लोकां ने जा दिती धीदो रुस[1] हजारयों चलया जे
हल वाहण ओस तों होए नाहीं मार बोलियां भाबियां सलया जे
पकड़ राह तुरया हंझू नयन रोवन जिवें नदी दा नीर उछलया जे
वारस शाह दे वासते भाइयां ने अधवाटयां राह आ मलया जे

27

रूह छड कलबूत[2] जिउं विदा हुंदा तिवें ऐह दरवेस सिधारिया ई
अन्न पाणी हज़ारे दा कसम कर के जीऊ झंग सिआलां नूं धारिया ई
कीता रिज़क[3] ने खरा उदास रांझा चलो चली ही जिऊ पुकारिया ई
कच्छे वंझली मार के रवां[4] होया वारिस वतन ते देस विसारिया ई

28

आख रांझया भा की बनी तेरे देस बाप दा छड सिधार नाहीं
वीरा अम्बड़ी जाया जा नाहीं सानूं नाल फिराक[4] दे मार नाहीं
एह बांदियां असीं गुलाम तेरे कोई होर विचार विचार नाहीं
बख़श एह गुनाह तूं भाबियां नूं कौन जंमिआ जो गुनहगार नाहीं

29

भाइयां बाझ न मजलसां सोंहदियां ने अते भाइयां बाझ बहार नाहीं
भाई मरन ते पैंदियां भज बाहां बिना भाइयां परे प्रवार नाहीं
लख ओट है भाइयां वसंदयां दी भाइयां गयां जेही कोई हार नाहीं
भाई ढाहुंदे भाई उसारदे ने वारस भाइयां बाझों बेली यार नाहीं

30

भरजाइयां आखया रांझिया वे असीं बांदियां तेरियां हुंनीयां हां
नाम लैना एं जदों तूं जावणे दा असीं हंजड़ रतदियां रूंनीयां हां
जान विच ऊलांभियां आ गई तेरे दरद फिराक चा भुंनीयां हां
सानूं सबर करार अराम नाहीं वारस शाह तों जदों वछुंनीयां हां

1. एक जाति। 2. शरीर। 3. रोजी। 4. वियोग, विछोड़ा।

31

भाबी रिज़क उदास जां हो टुरिया हुण कासनूं खलिआं हटकदियां हो
पहिले साड़के जीऊ नमानड़े नूं पिछे आ मलहम लावन लगदियां हो
भाई साक सन सो वख जुदा कीते तुसीं साक की साडीयां लगदियां हो
वारस शाह अकलड़े की करना तुसीं सते अकठीयां वगदियां हो

32

वाह ला रहे भाई भाबियां भी रांझा रूस हजारयों धाया ई
भुख नंग नूं झागके पंध करके रातीं विच मसीत ते आया ई
हथ वंझली पकड़ के रात अधी औथे रांझे नूं मजा भी आया ई
रन्न मरद न पिंड विच रिहा कोई घेरा गिरद मसीत ते पाया ई
वारस शाह मियां पंड झगड़ियां दी पिच्छे मुलां मसीत दा आया ई

33

मसजद बैबुलअतीक[1] मिसाल आही खाने काबिउं डोल उतारीया ने
गोया अकसा दे नाल दी भैण दूई शायद संदली नूर उसारीया ने
पढ़न फाजल ते दरस दरवेश मुफती खूब कढ हलहोन प्रकारीया ने
तालीम मीजान[2] ते सरफ बिहाई सरफ मीर भी याद पुकारीया ने
काज़ी कुतब ते कनज अनवा बारां मसऊद दीयां जिलद सवारीया ने
खानी नाल मजमूआ सुलतानियां दे अते हैरतुल फिका नवारीया ने
फितावि बरहिना मनजूम शाहां नाल जुबदयां हिफज[3] करारीया ने
मुआरजुल नबुवता खुलासियां नूं रोजा नाल इखलास पसारीया ने
जरादियां ने नाल शरह[4] मुलां ज़िन्नानियां नहव[5] नतारीया ने
करन हिफज कुरान तफसीर दौरां गैर शरह नूं धुरयां मारीयां ने
इक नजम दे दरस हरकरन पढ़दे नाम हक ते खालक बारीया[6] ने
गुलिसतां बोसतां नाल बहार दानिश तूतीनामा ते राजक बारीया ने
मुनशाजब ते अबुल फज़लां शाहू नामिऊ राफत बारीआं ने
किरानुल सादैन दीवान हाफज वारिस शाह ने लिख सवारीया ने

1. मस्जिद का नाम। 2. तकड़ी-तराजू। 3. कंठस्थ करना। 4. व्याख्या।
5. इस्लामी पुस्तकों के नाम। 6. प्रभु, स्रष्टा।

34

कलमदान दवात दफतैन[1] पटी नावें आमली वेखदे लड़कयां दे
लिखन नाल मसौदे सयाक खिसरे सियाह अवारजे[2] लिखदे वरकयां दे
इक भुल के ऐन दा गैन वाचन मुल्लां जिंद कढे नाल घुरकयां दे
इक आंवदे नाल जुजदान[3] लैके विच मकतबां दे नाल तड़कयां दे

35

मुल्लां आखदा चूंडियां[4] वेखदियां ई गैर शरह तूं कौन हैं दूर हो ओए
एथे लुचयां दी कोई थां नहीं पटे दूर कर हक मजूर हो ओए
अनहलक कहावना किबर[5] करके ओढ़क मरेंगा वांग मंसूर हो ओए
वारस शाह न हिंग दी बास छिपे भावें रखीए विच काफूर हो ओए

36

दाहड़ी शेख़ दी अमल शैतान वाले केहा राणयो जांदयां राहियां नूं
अगे कढ कुरान ते बहे मिंबर केहा अडयों मकर दीयां फाहियां नूं
इह पलीत ते पाक दा करो वाकफ असीं जाणीए शरह गवाहियां नूं
जिहड़ी थाउं नापाक लै विच वड़यों शुकर रब्ब दीयां बेपरवाहियां नूं
वारस शाह विच हुजरियां फैल[6] करदे मुलां लावंदे जोतरे वाहियां नूं

37

घर रब्ब दे मसजदां हुंदियां ने एथे गैर शरह नहीं वाड़ीये ओए
कुता अते फकीर पलीत होवे नाल दुर्रिआं[7] बन्नके मारीये ओए
तारक हो सलवात[8] दा पटे रखें लब्बों वालया मार पछाड़ीये ओए
नीवां कपड़ा होवे तां पाड़ दईये लमां होन दराज तां साड़ीये ओए
जेहड़ा फका असूल दा नही वाकफ ओहनू चा सूली उते चाड़ीये ओए
वारस शाह खुदा दे दुश्मनां नूं दूरों कुतियां वांग दुरकारीये ओए

38

सानूं दस नमाज है कासदी जी कास नाल बणा के सारियां ने
कन नक नमाज दे हैन कितने मत्थे किन्हां दे धुरों एह मारियां ने
लम्मे कद चौड़े किस हाण हुंदी किस चीज दे नाल सहारियां ने
वारस किलियां कितनियां ऐस दीयां ने जिस नाल एह बनह उतारियां ने

---

1. लिखने-पढ़ने की वस्तुएँ। 2. हिसाब-किताब। 3. बाल। 4. बस्ता।
5. अहंकार। 6. बुरे काम। 7. नमाज़। 8. कोड़े।

39

असां फिका[1] असूल नूं सही कीता गैर शरह मरदूद नूं मारना ई
असां दसणे कम्म इबादतां दे, पुलसरात[2] तों पार उतारना ई
फरज़ सुनतां वाजबां नफल[3] वितरां नाल जायेज़ा सच नितारना ई
वारिस शाह जमात दे तारकां नूं ताज़िआनियां दुरियां मारना ई

40

तुसीं विच खुदा दे खानयां दे गोज[4] वायगी दस क्यों मारदे हो
झूठ गैबता[5] अते हराम करना मुशतजनी दे गैब क्यों सारदे हो
बास हलवियां दी खबर मुरदियां दी नाल दुआए दे जीऊंदे मारदे हो
अन्ने कोड़यां लूलयां वांग बैठे कुररा मरन जहान दा मारदे हो
शरह चाए सरपोश बनाया जे रवादार वडे गुनहगार दे हो
वारस शाह मुसाफरां आयां नूं चलो चल ही पये पुकारदे हो

41

मुलां आखया नामाकूल[6] जटा फरज कट के रात गुजार जाई
फजर होई तों अगों ही उठ एथों सिर कजके मसजदों निकल जाई
घर रब्ब दे मसजदां हुंदयां ने अजगैब[7] दीयां हुजतां नांह उठाई
वारस शाह खुदा दे खानयां नूं एह मुलां भी चंबड़े ने बलाई

42

चिड़ी चूकदी नाल जां टुरे पांधी पइयां चाटियां विच मधानियां नी
उठ गुसल दे वासते जा पुजे सेजां जिनां ने रात नूं मानियां नी
रांझे कूच कीता आया नदी उते साथ लदया पार मुहानियां नी
वारस शाह मियां लुडन बड़ा लोभी कुपा शहद दा लदया बानियां नी

---

1. इस्लामी विधिशास्त्र। 2. दोजख का पुल। 3. विकार। 4. पद।
5. निंदा। 6. नाजायज़। 7. अलौकिक।

43

रांझे आखया पार लंघा मियां मैंनूं चाढ़ लै रब्ब दे वासते ते
असीं रब्ब की जाणदे भैण भाड़ा बेड़ा ठेहलदे लब्ब दे वासते ते
असां रिज़क कमावना नाल हीले बेड़ा खिंचदे ढब्ब दे वासते ते
हथ जोड़के मिन्नतां करे रांझा तरला करां मैं झब्ब दे वासते ते
वारस रूस आया नाल भाइयां दे मिन्नतां करां सबब दे वासते ते

44

पैसा खोल के हथ ते धरे जेहड़ा गोदी चाढ़ के पार उतारने हां
अते ढेकया मुफत जे कन्न खायें चा बेड़ियों जिमीं ते मारने हां
जेहड़ा कपड़ा दे ते नकद सानूं सभो ओसदा कम्म सवारने हां
जोरावरी जे आनके चढ़े बेड़ी अधवाटड़े डोब के मारने हां
डूमां अते फकीरां ते मुफतखोरां दूरों कुतियां वांग दुरकारने हां
वारस शाह जेहां पीर जादयां नूं मुढों बेड़ी दे विच ना वाड़ने हां

45

रांझा मिन्नतां करके थक रिहा अंत हो कंडे परां जा बैठा
छड अग बेगानड़ी हो गोशे[1] प्रेम ढांडरी[2] वख जगा बैठा
गावे सद[3] फिराक दे नाल रोवे अते वंझली शबर वजा बैठा
जो कोई आदमी त्रीमत मरद हैसन पतन छोड़ सभा ओथे जा बैठा
रन्नां लुडन झबेल दीयां भरन मुठी पैर दोहां दे विच टिका बैठा
गुसा खाइके लए झबेल झइयां एह दोहा इक बना बैठा
पिडा बाहुड़ीं जट लजाग रन्ना केहा शुगल तूं आन मचा बैठा
वारस शाह इस मोहियां मरद रन्नां नहीं जाणदे कौन बला बैठा

46

सैई वंझीं चनाब दा अंत नाहीं डुब मरेंगा ठिल्ल ना सजना ओ
चाहड़ मोढयां ते तैनूं पार लाइए कोई जान तूं ढिल ना सजना ओ
साडी अकल शहूर[4] तूं खस लीती रिहा कख दा वॅल ना सजना ओ
वारस शाह मियां तेरे चौखने[5] हां साडा कालजा सॅल ना सजना ओ

1. किनारे। 2. धूनी। 3. हाँक वाले गीत। 4. बुद्धि और चेतना। 5. कुरबान।

47

दोहां बाहां तों पकड़ रंझेटड़े नूं मुड़ आण बेड़ी विच चाढ़या ने
तकसीर[1] मुआफ कर आदमी दी मुड़ आण बहिश्त विच वाड़या ने
गोया ख्वाब दे विच अजराइल[2] डिठा ओहनूं फेर मुड़ अरश ते चाढ़या ने
वारस शाह नू तुरत नुहाए के ते बीबी हीर दे पलंघ ते चाढ़या ने

48

यारो! पलंघ केहा सणे सेज एथे लोकां आखया हीर जटेटड़ी दा
बादशाह सिआलां दे त्रिजणां दी महिर चूचके खान दी बेटड़ी दा
शाह परी पनाह नित लए जिस तों एह थां है मुशक लपेटड़ी दा
वारस शाह झबेल ते घाट पतन सभ हुकम है एह सलेटड़ी दा

49

बेड़ी नहीं एह जंझ दी बनी बैठक जो कोई आवे सो सद बहांवदा ए
गडा-वडा[3] अमीर वजीर बैठे कौन पुछदा ए केहड़ी थाउं दा ए
जिवें शमां ते डिगन पतंग धड़ धड़ लंझ नैं मुहानया[4] आंवदा ए
खवाजा खिजर दा बालका आन लथा जनाखना शरीनियां[5] लयांवदा ए
लुडन नाह लंघाया पार उसनूं ओस वेलड़े नूं पछोतांवदा ए
यारो झूठ न करे खुदा सचा रन्नों मेरियां एह खिसकांवदा ए
इक सद दे नाल एह जिंद लैंदा पंछी डेगदा मिरग फहाउंदा ए
ठग सुने थनेसरों आंवदे ने एह तां जाहरा ठग झनाउं दा ए
वारस शाह मियां वली जाहरा ए वेख हुने झबेल कुटाउंदा ए

50

लोकां आखिया मियां तूं कौण हुंना? आणि किस ने अन्न खवालिया ई
तेरी सूरत तां बहुत मलूक दिसे ऐडा जफर[6] तूं कास नूं जालिया ई
अंग साक तूं छड के नस आयों बुढी माऊं ते बाप नूं गालिया ई
ओहले अखियां दे तैनूं किवें कीता किन्नां दूतियां दा कौल पालिया ई

1. कसूर। 2. मौत का फरिश्ता। 3. लगातार। 4. टोला। 5. मिठाई। 6. कष्ट।

51

जा माहीयां[1] पिंड विच गल कीती इक सुघड़ बेड़ी विच गांवदा ए
उहदे बोलयां मुख तों फुल किरदे लख लख दे सद अलांवदा ए
सने लुडन झमेल दीयां दोवें रन्नां सेज हीर दी ते रंग लांवदा ए
वारस शाह कुआरियां आफतां ते वेख किहा फतूर हुन आंवदा ए

52

रात हस के खेड गुजारीया सू सुबह उठ के जीउ उदास कीता
राह जांदड़े नूं झुगी नजर आई डेरा चा मलाहां दे पास कीता
अगे पलंघ बेडी विच विछिआ सी उते खूब विछौना रास कीता
इथे जा वजा के वंझली नूं चा पलंग उते आम खास कीता
वारस शाह जां हीर नूं खबर होई तेरी सेज दा जट ने नास कीता

53

लै के सठ सहेलियां नाल आई हीर मतड़ी रूप गयान दी जी
बुक मोतियां दे कन्नीं चमकदे सन कोई रूप ते परी दी शान दी जी
कुड़ती सोंहदी हिक दे नाल फबी होश रही न जिमीं असमान दी जी
उहदे नक बुलाक ज्यों कुतब तारा[2] जोबन भिनड़ी कहर तूफान दी जी
आ नी बुंदयां वालीए टलीं मोईये अगे कई गये तंबू तान दी जी
वारस शाह मियां जटी लैहड़ लुटी फिरे भरी हंकार ते मान दी जी

54

केही हीर दी करे तारीफ शायर मथे चमकदा हुसन महताब[3] दा जी
खूनी चूडियां रात जिउं चंद दुआले सुरख जिउं रंग शराब दा जी
नयन नरगसी मिरग ममोलड़े[4] दे गलां टहकियां फुल गुलाब दा जी
भवां वांग कमान लाहौर दिसन कोई हुसन ना अंत हिसाब दा जी

1. एक गीत। 2. ध्रुव तारा। 3. चंद्रमा। 4. ममोला, एक लाल सिर वाली चिड़िया।

सुरमा नैनां दी धार विच फब रिहा चड़्या हिंदते कटक पंजाब दा जी
खुली विच त्रिंजनां लटकदी ए हाथी फिरे जिउं मसत नवाब दा जी
चेहरे सोहणे ते खत खाल बणदे खुशखत जिउं हरफ किताब दा जी
जेहड़े देखणे दे मुशताक आए वडा फाइदा इहनां दे बाब दा जी
चलो लैलतुल कदर[1] दी करो जिआरत वारस शाह एह कम सबाब[2] दा जी

55

होंठ सुरख याकूत जिउं लाल चमकण ठोडी सेब वलाइती सार विचों
नक अलफ हुसैनी दा पिपला[3] ए जुलफ नाग खजाने दी बार विचों
दंद चंबे दी लड़ी कि हंस मोती दाणे निकले हुसन अनार विचों
लिखी चीन तसवीर कशमीर जटी कद सरू बहिश्त गुलजार विचों
गरदन कूंजदी उंगलियां रवां फलियां हथ कूलड़े बरग चिनार विचों
बाहां वेलणे वलिआं गुंनह मखण छाती संगमरमर संग धार विचों
छाती ठाठ दी उभरी पट खेहनूं सेउ बलख दे चुणे अंबार विचों
धुंनी बहिश्त दे हौज दा मुशक कुबा पेड़ू मखमली खास सरकार विचों
काफूर शहनां सरीर बांके हुसन साक सतून मीनार विचों
सुरखी होंठों ही लोढ़ दंदासड़े दा खोज खतरी कतल बाजार विचों
शाह परी दी भैण पंजफूल राणी गुझी रहे ना हीर हजार विचों
सइयां नाल लटकदी मान मती जिवें हरनियां त्रुठियां बार विचों
ठीक तेज तलवार दी शान वाली चमक निकली तेग दी धार विचों
फिरे छनकदी चा दे नाल जटी चढ़या गजब दा कटक कंधार विचों
लंका बाग दी परी कि इंद्रानी रूह निकली चंद दी धार विचों
पुतली पेखने दी नकश रूम वाले लधा परीं ने चंद उजाड़ विचों
जो कोई वेखदा उसदे हुसन ताईं जखम लगदा उस तलवार विचों
मत्थे आ लगन जेहड़े भौर आशक निकल जान तलवार दी धार विचों
इशक बोलदा नढी दे थाउं थांई राग निकले जील[4] दी धार विचों
कजलबास[5] जलाद सवान खूनी निकल दौड़या उड़क बजार विचों
वारस शाह जां नैना दा दाअ लगे कोई बचे न जूए दी हार विचों

1. रमज़ान की एक सुभागी रात जब एक रात की इबादत का सवाब हज़ार रातों की इबादत के बराबर माना जाता है। 2. पुन्य 3. तेग की नोंक। 4. खास तार। 5. पठान सिपाही।

56

पकड़ लए झबेल ते बन्ह मुशकां मार छमकां लहू लुहान कीते
मेरे पलंघ ते आन सवालिया जे मेरे बैर दे तुसां सामान कीते
कुड़ीए मार ना असां बेदोशियां नूं कोई असां ना एह महमान कीते
चंचल हारीए रब्ब तों डरीं मोइए अगे किसे ना ऐड तुफान कीते

57

जवानी कमली ते राज चूचके दा ओथे किसे दी की परवाह मैंनूं
मैं तां धरूह के पलंघ तों चा सुटां आया किधरों एह बादशाह मैंनूं
नाढू शाह दा पुत कि शेर हाथी पास ढुकयां लयेगा ढाह मैंनूं
नाहीं पलंघ ते एस नूं टिकन देना ला रहेगा लख जे वाह मैंनूं
एह बोलदा पीर बगदार गुगा मेले आन बैठा वारस शाह मैंनूं

58

उठीं सुतया सेज असाडड़ी तों लम्मा सुसरी वांग की पया हैं वे
राती किते उनींदरा कटयो ई ऐडी नींद वाला लुड़ गया हैं वे
सुन्नी देख नखसमड़ी सेज मेरी कोई आलकी आन ढह पया हैं वे
इके ताप चढ़या जिन्न भूत लगे इके डैण किसे भख लया हैं वे
वारस शाह तूं जींवदा घूक सुत्तों इके मौत आई मर गया हैं वे

59

कूके मार ही मार के पकड़ छमकां परी आदमी ते कहरवान होई
रांझे उठ के आखया वाह सजन हीर हस के ते मेहरबान होई
कछे वंझली कन्नां दे विच वाले जुलफ मुखड़े ते परेशान होई
भिंने वाल चुने मत्थे चंद रांझा नैनी कजले दी घमसान होई
सूरत यूसफ दी देख तैमूर बटी सने मलकी बहुत हैरान होई
नयन मसत कलेजड़े विच धाने हीर घोल घती कुरबान होई
आ बगल विच बैठके करें गलां जिवें विच किरबान[1] कमान होई
भला होया मैं तैनूं ना मार बैठी कोई नहीं सी गल बेशान होई
रूप जट दा वेख के चाट लगी हीर वार घती सरगरदाठ[2] होई
वारस शाह ना थां दम मारने दी चार चशम[3] दी जदों घमसान होई

1. म्यान में। 2. हैरान। 3. आंख।

60

रांझा आखदा एह जहान सुफना छड जावना ई मतवालीये नी
तुसां जिहे सरदारां नूं एह लाजम आये गये मुसाफरां पालीये नी
ऐडा हुसन दा ना गुमान कीजे एह लै पलंघ ते सने निहालीये[1] नी
वारस आसरा रब्ब दा रखया ई, उठ जावना ई नैना वालीए नी

61

अजी हीर ते पलंघ सभ थां तेरी घोल घतियां जीऊड़ा वारया ई
नहीं गाल कढी हथ जोड़दी हां हथ ला नाहीं तैनूं मारया ई
असीं मिन्नतां करां ते पैर पकड़ां तैथों धोलया कोड़मा[2] सारया ई
असां हस के आन सलाम कीता आप कासनूं मकर पसारया ई
सुन्नी पई सां त्रिंजणी चैन नाहीं अल्ला वालयां ने सानूं तारया ई
वारस शाह है कौन शरीक उसदा जिसदा रब्ब ने कम्म सवारया ई

62

मान मतीए रूप गुमान भरीए अठ खेलिए[3] रंग रंगीलीए नी
आशक भौर फकीर ते नाग काले बाझ मंतरां मूल न कीलीए नी
एह जोबना ठग बजार दा ए टूने हारीए छैल छबीलीए नी
वारस शाह बिन करदो[4] ज़िबह[5] कर के बोल नाल जबान रसीलीए नी

63

घोल घोल घत्ती तैंडी वाट उतों बेली दस खां किधरों आवना है
किसे मान मत्ती घरों कढिया तूं जिस वासते फेरियां पौणा है
कौण छड आयों पिछे मेहर वाली जिस वासते तूं पछोतौणा है
कौण ज़ात ते वतन नाम की साइओं दा अते जात दा कौण सदावना है
तेरे वारने होनिआं मैं चौखने मंगू बाबले दा चार लिआवना है
मंगू बाबले दा ते तूं चाक मेरा एह भी फंध लगे जे तूं लावना है
वारस शाह चहीक[6] जे नवीं चूपें सभे भुल जानीं जेहड़ियां गावना है

---

1. तेज़ धार। 2. खानदान। 3. नखरा। 4. करद, छुरी। 5. कतल। 6. मिट्टी, नरम काही।

64

तुसां जेहे माशूक जे थीन राजी मंगू[1] नयनां दी धार विच चारीये नी
नयनां तेरियां दे असीं चाक होये जिवें जीऊ मन्ने तिवें सारीये नी
किथों गल कीजे नित नाल तुसां कोई बैठ विचार विचारीये नी
गल घत जंजाल खंगाल मोरें जा त्रिंजणी वड़ें कुआरीये नी

65

हथ बधड़ी रहां गुलाम तेरी सने त्रिंजणी नाल सहेलियां दे
होसन नित बहार दे रंग गूहड़े विच बेलयां दे नाल बेलियां दे
सानूं रब्ब ने यार मिला दिता भुल गये पयार अलबेलियां दे
दिहें बेलियां दे विच करीं मौज़ां राती खेडसां विच हवेलियां दे

66

नाल नढियां घिन्न के चरखड़े नूं तुसां बैठणा विच भंडार हीरे
असीं आणके रूलांगे विच वेहड़े साडी कोई न लएगा सार हीरे
टिकी देके वेहड़ियों कढ छडें सानूं ठग के मूल न मार हीरे
साडे नाल जे औड़ निबाहुणी ए सच्चा देह खा कौल इकरार हीरे

67

मैंनूं बाबले दी कसम रांझिया वे मरे मां जे तुध थीं मुख मोड़ां
तेरे बाझ तुआम[2] हराम मैंनूं तुध बाझ ना नेण नाल नैण जोड़ां
खुआजा खिजर[3] ते बैठके कसम खाधी थीवां सूर जे प्रीत दी रीत तोड़ां
कोहढ़ी होइके नैण प्राण जावन तेरे बाझ जे कौंत मैं होर लोड़ां

68

जेता मामले पैन तां नस जाएं इशक जालना खरा दुहेलड़ा[4] ई
सच आखना ई हुने आख मैंनूं एहो सच ते झूठ दा वेलड़ा ई
ताब इशक दी झलनी बड़ी औखी इशक गुरु ते जग सभ चेलड़ा ई
एथे छड ईमान जे नस जावें अंत रोज किआमते मेलड़ा ई

---

1. भैंसों का टोला। 2. भोजन। 3. इस्लाम में ख़्वाजा खिज़्र एक फरिश्ते का नाम है जो भटके मुसाफिरों को रास्ता दिखाता है। उन्हें अमर माना गया है। 4. मुश्किल।

69

तेरे नाम तों जान कुरबान कीती माल जान तेरे उतों वारया ई
पासा जान दा सीस मैं ला बाजी तुसां जितया ते असां हारया ई
रांझा जीउ दे विच यकीन करके महिर चूचके पास सिधारया ई
अगे पैंचनी हो के हीर चली कोल रांझे नूं जा खलारया ई

70

हीर जाय के आखदी बाबला वे तेरे नाम तों घोल घुमाइयां मैं
जिस अपने राज दे हुकम अंदर सांदल बार दे विच खिडाइयां मैं
लासां पट दियां पाए के बाग काले पींघां शौक दे नाल पिंघाइयां मैं
मेरी जान बाबल जीवे ढोल रांझा माही महीं दा ढूंड लिआइया मैं

71

बाप हम के पुछदा कौन हुंदा एह मुंडड़ा किस सरदार दा ए
हथ लाया पिंड ते दाग पैंदा एह महीं दे नहीं दरकार दा ए
सुघड़ चतर ते अकल दा कोट नढा महीं बहुत सम्भाल के चारदा ए
हिके नाल पयार दे हूंग दे के सोटा सिंग ते मूल ना मारदा ए
माल आपणा जान के सांभ लयावे कोई कम्म ना करे विगार दा ए
वसे नूर अल्लाह दा मुखड़े ते मुंहों रब्ब ही रब्ब चितारदा ए

72

केहड़े चौधरी दा पुतर कौन जातों किहा अकल शहूर[1] दा कोट[2] है नी
एह नूं रिज़क ने किवें उदास कीता केहड़े पीर दी एसनूं ओट है नी
फौजदार वांगूं कर कूच धाना[3] जिवें मार नगारे दी चोट है नी
किनां जटां दा पोतरा है कौन हुंदा वतन एस दा केहड़ा कोट है नी

73

पुतर तखत हजारे दे चौधरी दा रांझा जात दा जट असील है जी
एहदा बीबड़ा[4] मुख ते नयन निम्मे बड़ी सोहणी एस दी डील है जी
मथा एसदा चमकदा नूर भरया सखी[5] जीउ दा, नहीं बखील है जी
गल सोहणी परदे विच करदा खोज लाएक ते नयायों वकील है जी

---

1. समझ। 2. बहुत समझदार। 3. हमला करना। 4. मासूम। 5. उदार।

74

किहें डोगरां जटां दे नयाऊं जाणे परहे विच दलावर लाइयां दे
पाड़ चीर के जानदा किवें देसो लड़या कासनूं नाल एह भाइयां दे
किस गल तों उठ के रूठ आया की कर बोलया नाल भरजाइयां दे
वारस शाह ना इस तों नफा दिसदा किवें छड आया माल गाइयां दे

75

लायक होय के मामले दस देंदा मुनसिफ[1] होए वढे फाहे फेड़यां दे
बाही घत के कहीं दी पार लावे हथों कढ देंदा खोज झेड़यां दे
धाड़ा धाड़ दी मोहर दवांवदा ए हुंद पांवदा विच बखेड़यां दे
सभा रही रहुंनी नूं सांभ लयावे अखीं विच रखे वांग हेड़यां[2] दे
वारस शाह है शेर जवान रांझा पिछे पौंदा ए हाड़यां पेड़यां दे

76

तेरा आखया असां मनजूर कीता मझीं देह संभाल के सारियां नी
खबरदार रहे मझीं विच खड़ा बेले विच मुसीबतां भारियां नी
रोला करे नाहीं नाल खधियां[3] दे एस कदे नाहीं मझी चारियां नी
मत खेड रूझे खड़ियां जाण[4] मझीं होण पिंड दे विच खुआरियां नी

77

पास माउं दे हीर ने गल कीती माही महीं दा आणके छेड़या मैं
नित पिंड दे विच विचार पौंदी एह झगड़ा चा नबेड़या मैं
सुन्ना नित रूलें मंगू विच बेले माही सुघड़ ही आन सहेड़या मैं
माई करम जागे साडे मंगूयां दे साऊ असल जटेटड़ा घेरया मैं

78

मखण खंड पराउंठे खाह मियां मझीं छेड़ दे रब्ब दे आसरे ते
हस खेड रंझेटिआ जाल मियां गुजर आवसी दुध दे कासड़े ते
हीर आखया रब्ब रजाक[5] तेरा मियां जाईं ना लोकां दे हासड़े ते
मझीं छेड़ देवीं झल विच झंगडे[6] दे आप हो बहीं इक पासड़े ते

---

1. जज। 2. शिकारी। 3. पशु। 4. चोरी। 5. रोज़ी देनेवाला। 6. चरांद, जंगल।

79

बेले रब्ब दा नाम लै जा वड़िया होया धुप दे नाल जहीर[1] मियां
ओहदी नेक साइत[2] रूजू आन होई मिले राह जांदे पंज पीर मियां
रांझा वेखके तबहा फरिशतियां दी पंजां पीरां दी पकड़दा धीर मियां
काई नढड़ी सोहणी बखश छडो तुसीं पूरे हो रब्ब दे पीर मियां
हीर बखशी दरगाह थीं तुध तांहीं सानूं याद करीं पवे भीड़ मियां

80

खुआजा खिजर ते शकरगंज बोज़ खोरी मुलतान दा जिकरिया पीर नूरी
होर सयद जलाल बुखारिया सी अते लाल शाहबाज ते बहशत हूरी
तुररा खिजर रूमाल शकरगंज दित्ता अते मुंदरा लाल शहबाज नूरी
खंजर सयद जलाल बुखारीये दा खूंडी जिकरीए मीर ने हिक बूरी
तैनूं भीड़ पवे करीं याद जटा वारस शाह ना जानना पलक दूरी

81

हीर चाए भता खंड खीर मखन मिएं रांझे दे पास लै जांवदी ए
तेरे वासते जूह मैं भाल थकी रो रो अपना हाल सुनांवदी ए
कैदों ढूंढ़दा खोज नूं फिरे भौंदा वास चूरी दी बेलयों आंवदी ए
वारस शाह मियां वेखो रंग लंगी एह शैतान दी कलहि जगांवदी ए

82

हीर गई जां नदी ते लैण पानी कैदो आन के मुख वखांवदा ए
असीं भुख ने मार हैरान कीते आन सवाल खुदाय दा पांवदा ए
रांझा पुछदा हीर नूं एह लंगा हीरे कौन फकीर किस थांवदा ए
वारस शाह मिआं जिवें पुछ के ते कोई उपरों लून चा लांवदा ए

83

हीर आखदी रांझणा! बुरा कीतो तूं तां पुछणा सी दुहराए के ते
मैं तां जाणदा नहीं सां एहु सूहा[3] खैर मंगिया सू मैथों आए के ते
खैर लैंदो ही पिछांह नूं तुरत नठा उठ वगिया कंड वलाए[4] के ते
नेड़े जांदा ई जाए मिल नडीए नी जाए पुछ लै गल समझाए के ते
वारस शाह मियां उस थीं गल पुछीं दो तिन अडिआं हिक विच लाये के ते

1. मुश्किल। 2. शुभ घड़ी। 3. मुखबिर। 4. मोड़ के।

84

हीर आखदी रांझिणा बुरा कीतो साडा कम है नाल वैराइयां दे
साडी खोज नूं तक के करे चुगली दिने रात है विच बुरिआइयां दे
मिले सिरां नूं एह विछोड़ देंदा भंग घतदा विच कुड़माइयां दे
बाबल अंमड़ी थे जाए ठिठ करसी जाए आखसी पास भरजाइयां दे

85

मिली राह विच दौड़के जा नढी पहले नाल फरेब दे चटया सू
नेड़े आणके शीहनी दे वांग गज्जी अखीं रोह दा नीर पलटया सू
सिरों लाह टोपी गलों तोड़ सेहला लकों चाइके जिमीं ते सटया सू
पकड़ जिमीं ते मारिया नाल गुसे धोबी पटड़े ते खेस छटया सू
वारस शाह फरिशतियां अरश[1] उतों शैतान नूं जिमीं ते सटया सू

86

हीर ढाह के आखया मियां चाचा चूरी देह जे जीऊणा लोड़ना एं
नहीं ते मारके जिंद गवा देसों मैंनूं किसे ना हटकणा होड़ना एं
बन्ह हथ ते पैर लटका देसां लड़ लड़कियां नाल की जोड़ना एं
चूरी देह खां नाल हया आपे वारस शाह दे नाल अजोड़ना एं

87

अधी डुल पई अधी खोह लई चून[2] मेल के परे विच लयांवदा ए
कहया मन्नदे नहीं सउ मूल मेरा चूरी पलयों खोल विखांवदा ए
नहीं चूचके नूं कोई मत देंदा नढी मार के नहीं समझांवदा ए
चाक नाल इकलड़ी जाय बेले अज कल कोई लीक लांवदा ए
जिस वेलड़े महिर ने चाक रखया ओस वेलड़े नूं पछोतांवदा ए

88

चूचक आखदा कूड़ियां करें गल्लां हीर खेडदी विच सहेलियां दे
पींघां पायके सइयां दे नाल झूटे त्रिंजण जोड़दी विच हवेलियां दे
एह चुगल जहान दा मगर लगा फक्कर जानदे हां नाल सेलियां दे
कदी नाल मदारियां भंग घोटे कदी जा नचे नाल चेलियां दे
नहीं चूहड़े दा पुतर होवे सयद घोड़े होन नाहीं पुत लेलियां दे
वारस शाह फकीर न होण हरगिज पुतर नाइयां मोचियां तेलियां दे

---

1. आकाश। 2. थोड़ा-थोड़ा इकट्ठा करना।

89

मांउ हीर दी ते लोक करन चुगली तेरी मलकिए धीउ बेआब[1] है नी
असीं मासियां फुफियां लज मोइयां साडा अंदरों जी कबाब है नी
चाक नाल दे नेहुं लगाया सू अठे पहर रहिंदी गरकाब[2] है नी
तेरी कुड़ी दा मगज है बेगमां दा वेखो चाक जोउ फिरे नवाब है नी
वारस शाह मुंह उंगलियां लोक घतन चढ़ी हीर नूं लोढ़े दी खराब[3] है नी

90

कैदो आखदा धी वयाह मलकी दोहाई रब्ब दी मन्न लै डायने नी
इके मारके वढ के करीं बेरे[4] मुंह भन्न सु चुआयने नाल सायने नी
वेख वेख धीउ दा लाड की दंद कढें अंत झूरसैं रन्ने कसायने नी
इके बन्न के भोरे चा घतीं लिंब वांग भडोले दे आयने नी
गुस्से नाल मलकी तप लाल पई झब दौड़ तू मिठिये नायने नी
सद लया तूं हीर नूं ढूंढ़ के ते तैनूं मां सदेंदिये है डायने नी
खड़ दुंबीये मनिये भेड़िये नी मुशटंडिये बार दीये डायने नी
वारस शाह वांगूं किते डुब मोईये घर आ सयापे दिये नायने नी

91

हीर आणके आखदी हस के ते अना झाल नी अंबड़ीये मेरीये नी
तैंनूं डूंघड़े खूह विच चा बोड़ां गल्ला नूं पिटयो बचड़ीये मेरीये नी
धी जवान जे किसे दी बुरी होवे चुप कीतियां चा नबेड़ीए नी
तैनूं वडा उदमाद[5] आ जागिया ई तेरे वासते मणुश सहेड़ीए नी
धी जवान जे निसे दी बाहर जाण लगे वस तां खूह नघेरीये नी
वारस शाह जीउंदे होण जे भैन भाई चाक चोबरां नांह सहेड़ीए नी

92

तेरे वीर सुलतान नूं खबर होवे फिकर करे उह तेरे मुकावने दा
चूचक बाप दे राज नूं लीक लाई किहा फायदा लाड लडावने दा
नक वड के कोड़मा गालया किहा फायदा मापिआं तावने दा
राती चाक नूं चा जवाब देसां साडा शोक नहीं है महीं चरावने दा
आ मिठिए लाह लै सभ टूमां किहा फायदा गहनयां पावने दा
वारस शाह मियां एस छोहरी दा जी होया ए लिंग कुटावने दा

1. बेपत। 2. डूबा हुआ। 3. शरारती। 4. टुकड़े। 5. पागलपन।

93

माए रब्ब ने चाक घर घलया सी तेरे होन नसीब जे धुरों चंगे
एहो जेहे जे आदमी हथ आवण सारा मुलक ही रब्ब तों दुआ मंगे
जेहड़े रब्ब कीते कम होए रहे सानूं मांउ कयों गैब दे दें पंगे
कुल सयानयां मुलक नूं मत दिती तेग मेहरियां[1] इशक ना करो नंगे
नांह छेड़िये रब्ब दयां पूरयां नूं जिनंहां कपड़े खाक दे विच रंगे
जिन्हां इशक दे मामले सिरीं चाये वारस शाह ना किसे तों रहन संगे

94

मलकी आखदी चूचका बणी औखी सानूं हीर दयां मेहणयां खवार कीता
ताहना देण शरीक ते लोक सारे चौतरफिओं खवार संसार कीता
वेखो लज सयालां दी लाह सुटी नढी हीर ने चाक नूं चाक कीता
जां मैं मत दिती अगों लड़न लगी लज लहाके चशमां नूं चार कीता
कढ चाक नूं खोह लै महीं सभे असां चाक तों जीउ बेजार कीता
इके धी नूं चा घड़े डोब करीए जानो रब्ब ने चा गुनाहगार कीता
झब विआह कर धी नूं कढ देसों सानूं ठिठ है एस मुरदार कीता
वारस शाह नूं हीर खराब कीता नाहीं रब्ब साहिब सरदार कीता

95

चूचक आखदा मलकीए जमदड़ी नूं गल घुट के काहे ना मारयो ई
घुटी ज़हर दी घोल ना दितीआ ई उह अज जवाब नितारियो ई
मंझ डूंगड़े धीआ न बोड़ीया ई वहिण रोड़ के मूल ना मारियो ई
वारस शाह खुदाए दा खौफ कीता कारूं वांग ना जिमी निघरियो ई

96

रातीं रांझे ने महीं जा आण ढोइयां चूचक सियाल मथे वट पाया ई
भाई छड महीं उठ जा घरीं तेरा तौर बुरा दिस आया ई
सिआलां किहा भाई साडे कम नाहीं जाए उधरे जिधरों आया ई
असां साहन ना रखया एह नढा धीयां चारना नहीं बनाया ई

1. स्त्रियां।

97

वलौ बसतलाहि रिज़क अलअबादा[1] रज खाए के मसतिआं चाइयां नी
कुलू वशरबू दा सी अमर होया ला तुसरे फू[2] फुरमाइयां नी
किथों पचण इहनां मुशटंडियां नूं नित खांवदे दुध मलाइयां नी
रिज़क रब्ब देसी असीं उठ चले लगा करन हुण ऐड चवाइयां नी
वमामिन बहिशत फिलअरज[3] होया आहे लै सांभ मझीं घर आइयां नी

98

रांझा सुट खूंडी उतों लाह भूरा छड चलिया सभ मंगवाड़े मियां
जेहा चोर नूं खुरे दा खड़क पहुंचे छड जावंदा सन्न दा पाड़ मियां
दिल चाया देस ते मुलक उतों उहदे भा दा बोलया हाड़[4] मियां
तेरियां कटियां कटदे मिलन सभे खड़े खोलियां नूं कोई धाड़ मियां
तेरी धी नूं असीं की जानदे हां तैनूं आंवदी नजर देहाड़ मियां
मैंनूं महीं दी कुझ परवाह नाहीं नढी पई सी एस रिहाड़ मियां
मंगू मगर मेरे हथों आंवदा ए महीं अपनियां महर जो ताड़ मियां
घुट बहें चराई तै मइयां दी सही कीता ई कोई कराड़ मियां
मझीं चारदयां नूं होए बरस बारां अज उठयो अंदरों साड़ मियां
बही खतरी दी रही खतरी थे लेखा गया है होए पहाड़ मियां
तेरी धी रही तेरे घर बैठी झाड़ा मुफत दा लया ई झाड़ मियां
हट भरे भकुन्ने नूं सांभ लया कढ छडयो नंग कराड़ मियां
वारस शाह अगे पूरी नाह पइयां पिछों आया सैं पड़तने पाड़ मियां

99

महीं चरन ना बाझ रंझेटड़े दे माही हार सभे झख मार रहे
कोई घुस जाए कोई डुब जाए कोई शींह पाड़े कोई पार रहे
सयाल पकड़ हथयार ते हो गुंमा मगर लग के खोलिया चार रहे
वारस शाह चूचक पछोतावदा ए मंगू ना छिड़े असीं हार रहे

100

माए चाक तराहयां बाबे चाए एस गल उते बहुत खुशी हो नी
रब्ब उसनूं रिज़क है देणहारा कोई उसदे रब्ब ना तुसी हो नी
मझीं होण खराब विच बेलयां दे खेल दस केही बुस बुसी हो नी
वारस शाह औलाद न माल रहसी जिहदा हक खुथा ओह तां हो नी

---

1. परमात्मा का दिया खुला भंडार। 2. फजूलखर्ची ना करो। 3. धरती पर स्वर्ग। 4. मुरदे की आवाज़।

101

मलकी गल सुनावदी चूचके नूं लोक बहुत दिंदे बद दुआ मियां
बारां बरस महीं उस चारियां सी नहीं कीती सू चूं चरां मियां
हक खोह के चाए जवाब दिता महीं छड के घरां नूं जाह मियां
पैरीं लग के जाह मना ओहनूं मत पवी फकीर दी आह मियां
वारस शाह फकीर ने चुप वटी ओहदी चुप ही देगी रूढ़ा मियां

102

चूचक आखया जा मनाए उसनूं वयाह तीक तां मही चराए लईए
जदों हीर डोली पाए तोर दिती रूस पवे जवाब तां चाए दईए
साडे पीउ दा कुझ ना लाह लैंदा सभा टहिल टकोर करा लईए
वारस शाह असीं जट सदा खोटे इक जटका फंद वी ला लईए

103

मलकी जाए के वेहड़े विच पुछदी ए वेहड़ा केहड़ा भाइयां सावयां[1] दा
साडे माही दी खवर है किते अड़ियो किधर मारया गया पछोतावयां दा
जरा हीर कुड़ी उहनूं सददी ए रंग धोवंदी पलंघ देयां पावयां दा
रांझा बोलयां सथरो मन्न आकड़ एह जे पिआ सरदार नथावयां दा
सिर पटे सफा कर सोए रिहा जिबे बालका मुन्नया बावयां दा
वारस शाह जयों चोर नूं मिले वाहर[2] उमे साह मरे मारया हावयां दा

104

मलकी आखदी लड़यों ना नाल चूचक कोई सुखन[3] न जीउ ते लावना ई
केहा मापियां पुतरां लड़न हुंदा तुसां खटना ते असां खावना ई
छिड़ माल दे नाल मैं घोल घती रातीं सांभ मझीं घरीं आवना ई
तूं ही चोय के दुध जमावना ई तूं ही हीर दा पलंघ वछावना ई
कुड़ी कल दी तेरे तों रूस बैठी तूं ही उस नूं आ मनावना ई
मंगू माल ते हीर सयाल तेरी नाले घूरना ते नाले खावना ई
तेरे नाम तों हीर कुरबान कीती मंगू सांभ के चार लयावना ई

1. बराबर दे। 2. चोर को ढूँढने वाले लोगों का टोला। 3. मेहणा, ताना।

105

रांझा आखदा हीर नूं मां तेरी सानूं फेर मुड़ रात दी चंबड़ी ए
मियां मन लै उसदे आखने नूं तेरी हीर पयारी दी अंबड़ी ए
किते जाइए उठ के घरीं बहीए अजे वयाह दी विथ ते लंबड़ी ए
वारस शाह इस इशक दे वनज विचों किसे पले न बधड़ी दमड़ी ए

106

रांझा हीर दी मां दे लग आखे छेड़ मझियां झल नूं आंवदा ए
मंगू वाड़ दिता विच झांगड़ी[1] दे आप नहायके रब्ब धयांवदा ए
हीर सतुआं दा घरों घोल छन्ना देखो रिज़क रंझेटे दा आंवदा ए
मेरा मरन जीउण तेरे नाल मियां सुन्ना लो पया भस पांवदा ए
पंजां पीरां दी आमद तुरत होई हथ बन्न सलाम करांवदा ए

107

हीर वत के[2] बेलयों घरीं आई मां बाप काजी सद लयांवदे ने
दोवें आप बैठे अते विच काजी अते साहमणे हीर बहांवदे ने
बची हीर तैनूं असीं मत देंदे मिठी जबान नाल समझांवदे ने
चाक चोबरां नाल ना गल कीजे एह मेनहती केहड़े थाउं दे ने
चरखा डाहके आपने घरीं बहिए सुघड़ गाउं के जी परचांवदे ने
लाल चरखड़ा डाहके छोप पाईये कहीए सोहने गीत झनाब दे ने
नीवीं नजर हया दे नाल रहिये तैनूं सभ सयाने फरमांवदे ने
चूचक सिआल होरी हीरे जाणनी ए सरदार ते पंच गरांव दे ने
शरम मापियां दी वल धयान कीजे शानदार एह जट सदांवदे ने
बाहर फिरन ना सोंहदा कवारियां नूं अज कल लागी घर आंवदे ने
ऐथे वयाह दे सब समान होये खेड़े पये बना[3] बनांवदे ने
वारस शाह मियां चंद रोज अंदर खेड़े जोड़ के जंझ लयांवदे ने

108

हीर आखदी बाबला! अमलियां तों नहीं अमल हटाया जा मियां
जेहड़ियां वादियां आदतां आन नाही रांझे चाकतों रिहा ना जा मियां
शीह चितरे रहन न मास बाझों झपट नाल एह रिज़क कमा मियां
वारस शाह दरगाह तों लया रांझा चाक बखशिया आप खुदा मियां

---

1. पेड़ों का झुंड। 2. मुड़ के। 3. तरकीब।

109

एह रज़ा तकदीर दी होय रही, वारद कोण हो जो दये हटाए मियां
दाग अंब दी रसा दा लहे नाहीं दाग इशक दा भी नहीं जा मियां
होर सभ गलां मनजूर होइयां रांझे चाक थों रहा न जा मियां
एस इशक दे रोग दी गल ऐवें सिर जाय ते सिरर ना जा मियां
वारस शाह मियां जिवें गंज सिर दा बारां बरस बिना नहीं जा मियां

110

एहदी वढ लुडके[1] कोह जुंडयां नूं गल घुट के डूंघड़े बोड़िये नी
सिर भन्न सू नाल मधानियां दे ढूही[2] नाल खड़ताल[3] तोड़िये नी
एहदा दातरी नाल चा ढिड पाड़ो सूई अखियां दे विच पोड़िये नी
वारस चाक तों एह ना मुड़े मूलों असीं रहे बहुतेरड़ा होड़िये नी

111

सिर बेटियां दे चा जुदा करदे जदों गुस्सयां ते बाप आंवदे नी
सिर वढके नदी विच रोहड़ दें दे मास कां कुते बिले खांवदे नी
समी जान जलाली ने रोहड़ दिती कई डूम[4] ढाडी पए गांवदे नी
औलाद जेहड़ी आखे ना लगे मापे उसनूं मार मुकांवदे नी
जदों कहर ते आंवदे बाप जालम बन्ह बेटियां भोरे पांवदे नी
वारस शाह जे मारिये बदां तांई देवे खून ना तिन्हां दे आंवदे नी

112

बच्चा! दुहां ने रब्ब नूं याद करना नहीं इशक नूं लीक लगवाना ई
अठे पहर खुदाए दी याद अंदर तुसां ज़िकर ते खैर कमावना ई
पीर देख के तबाअ[5] निहाल होए हुकम कीता है रब्ब नूं धियावना ई
वारिस शाह पंजां पीरां हुकम कीता बच्चा दिल नूं नहीं डुलावना ई

113

जिनां बेटियां मारियां रोज कयामत सिर तिनां दे वडा गुनाह मियां
मिलन खाणियां तिन्हां जाए अगे जिवें मारीयां जे तिवें खाह मियां
कहीआ माउं ते बाप दी असां मन्नी गल पलड़ा ते मुंह घाह मियां
इक चाक दी गल ना करो मूले ओहदा हीर दे नाल निकाह मियां

---

1. कानों के बुंदे। 2. गुदा। 3. जोर से लात मारनी। 4. एक जात। 5. तबीयत।

114

सुलतान भाई आया हीर संदा आखे मां नूं धिऊ नूं ताड़ अम्मां
असां फेर जे बाहर एह डिठी सुटां एसनूं जान थीं मार अम्मां
तेरे आखयां सतर[1] जे ना बैठी फेरां एसदी धौन तलवार अम्मां
चाक वड़े नाहीं साडे विच बेहड़े नहीं डकरे करांगे चार अम्मां
जेकर धी ना हुकम विच रखियाई सभ साड़ सुटां घर बाहर अम्मां
वारस शाह जेकर धी बुरी होवे रोहड़ दे समुंदरों पार अम्मां

115

अखीं लगियां मुड़न ना बीर मेरे बीबा वार घती बलहारियां वे
वहिण पए दरया नहीं कदी मुड़दे वडे ला रहे जोर जारियां वे
लहू किउं कर ना निकले भाई ओथों जिथे लगियां तेज कटारियां वे
लगे दसत इक वार ना बंद कीचन वैद लिखदे बैदगिआं सारियां वे
सिर दितयां बाझ्र ना इशक पके एह नहीं सुखालियां यारियां वे
वारस शाह मियां भाई वरजदे नी देखो इशक बणाइयां खुआरियां वे

116

काज़ी आखदा खौफ खुदाई दा कर मापे जिद चढ़े चा मारनी गे
तेरी किआड़ीयों[2] जीभ कढा सुट्टण मारे शरम दे खून गुजारनी गे
जिस वकत दिता असां चा फतवा उस वकत ही मार उतारनी गे
वारस शाह कउं तरक[3] बुरयाइया नूं नहीं अग दे विच निधारनो गे

117

पंजां पीरां नूं रांझे ने याद कीता जदों हीर सुनेहुड़ा घलया ए
माउं बाप काजी सभे गिरद होए गिला सारयां दा सिर झलया ए
पंजां पीरां अगे हथ जोड़ खला नीर रोंदयां मूल न ठल्लया ए
बचा कौन मुसीबतां पेश आइयां विचों जी साडा थरथलया ए

1. परदा। 2. तालू से। 3. त्याग।

मेरी हीर नूं वीर हैरान कीता काजी माउं ते बाप पथलया ए
मदद करो खुदा दा वासता जे मेरा इशक खराब हो चलया ए
बहुत प्यार दिलासड़े नाल पीरां मियां रांझे दा जीउ तसलया ए
तेरी हीर दी मदद ते मियां रांझा मखदूम जहांनियां घलया ए
दो तिन सद[1] सुना खां वंझली दे साडा गावणे ते जीऊ हलया ए
वारस शाह हुण जट तयार होया लै के बंझली राग विच रलया ए

118

शौक नाल बजायके वंझली नूं पंजां पीरां अगे खड़ा गांवदा ए
कदी ऊधो[2] ते काहन[3] दे बिशन पदे कदी माझ बिहारी दी लांवदा ए
कदी ढोल अते मारवाण छोंदेंदा कदी बूबना चा सुनांवदा ए
मलकी नाल जलाली नूं खूब गावे विच झीवरी दी कली लांवदा ए
कदी सोहणी ते महींवाल वाला नाल शौक दे सद सुनांवदा ए
सारंग नाल तिलंग शहानयां दे राग सूही दा भोग विच पांवदा ए
सोरठ गूजरी पूरबी ललत भैरों जोग राग दी जील वजांवदा ए
टोडी मेघ मलहार धनासरी ते जैतसरी नू नाल रलांवदा ए
मालसरी ते परज बिहाग बोले नाले मालवा विच वजांवदा ए
किदारा अते बिहागड़ा राग मारू नाले कानड़े दीआं सुरां लांवदा ए
कलयान दे नाल मालकोंस बोले नट मंगल चार सुणांवदा ए
बरवा नाल पलासीया भीम बोले दीपक राग दी तार वजांवदा ए
जंगला नाल पहाड़ी झंजोटियां दे गौड़ी नाल आसा खड़ा गांवदा ए
रामकली बसंत हिंडोल गावे ते मुंदावनी दीयां सुरां लांवदा ए
खड़ा नाल बहार दे ठाठ करदा वारस शाह नूं तुरत रिझांवदा ए

119

राजी हो पंजां पीरां हुकम कीता बच्चा मंग दुआ जो मंगनी है
अज हीर जटी मैंनूं बखश उठो रंगन शौक दे नाल ओह रंगनी है
मैंनूं लाए बभूत मलंग[4] करना बचा ओह भी तेरी मलंगनी है
जेहे नाल लगीये तेहे हो रहीए नंग नाल बोली ओ भी नंगनी है
वारस शाह ना सोहे उधाल जटी, नही मापिआं दे घर लंबनी है

1. हांक, ऊंची आवाज़। 2. कृष्ण जी का एक मित्र। 3. कृष्ण। 4. दरवेश, फकीर, मस्त।

120

रांझे पीरां नूं बहुत खुशहाल कीता दुआ दितियां ने जाह हीर तेरी
तेरे सब मकसूद[1] हो गए हासल मदद हो गए पंजे पीर तेरी
जाह गूंज तूं विच मगवाड़[2] बैठा बखशी गई है सब तकसीर[3] तेरी
वारस शाह मियां पीरां कामलां[4] ने कर छडी है नेक तकदीर तेरी

121

रांझे आखया आउ खां बैठ हीरे कोई खूब तदबीर बनाइए नी
माओं बाप तेरे दिलगीर हुंदे किवें ओहनां ते बात छपाइए नी
मिठी नायन नूं सद के गल कीजे जे तूं कहें तेरे घर आइए नी
मैं सयालां दे वेहड़े वड़ां नाहीं मैथों हीर नूं नित पुचाइए नी
दिने रात तेरे घर मेल साडा साडे सिर अहिसान चढ़ाइए नी
हीर पंज मोहरां हथ दितियां नी किवें मिठीए डौल बणाइए नी
कुड़ीयां पास ना खोहलणा भेत मूले गल जीउ दे विच लुकाइए नी
वारस शाह छुपाइए खलक[5] कोलों भावें आपणा ही गुड़ खाइए नी

122

फलहे कोल जिथे मंगू बैठदा सी ओथे चाल हैसी घर नाइयां दा
मिठी नाएण घरां संदी खसमनी सी नाई कम करदे फिरन साइयां दा
घर नाइयां दे हुकम रांझने दा जिवें साहुरे हुकम जवाइयां दा
चा भा मिठी फिरन वालयां दी बाग खुलदा[6] लेफ तुलाइयां दा
मिठी सेज वछाई के फुल पूरे उते आंवदा कदम खुदाइयां दा
दोवें हीर रांझा रातीं करन मौजां मझीं खान खढ़ियां सिर साइयां दा
घड़ी रात रहिंदी हीर घर जांदी रांझा भाउ पुछांवदा धाइयां दा
आपो अपनी कार विच रुझ जांदे बूहा फेर ना देखदे नाइयां दा

123

दिन होवे दुपहर ते आए रांझा अते ओधरों हीर भी आंवदी ए
रांझा महीं लया बहांवदा ई ओह नाल सहेलियां आंवदी ए
ओह वंझली नाल सरोद करदा हीर नाल सहेलियां गांवदी ए
काई जुलफ नचोड़दी रांझणे ते काई नाल कलेजे दे लांवदी ए
काई चमड़ी लक नूं मशक बोरी काई मुख नूं मुख नूं मुख छुहांवदी ए

---

1. मनोरथ। 2. चरांद। 3. कुसूर। 4. पहुँचे हुए पीर। 5. संसार, सभी प्राणी।
6. स्वर्ग का बाग।

काई मीरियां आख के भज जांदी मगर पवे ते टुबियां लांवदी ए
काई आखदी माहिया माहिया वे तेरी मझ बूरी कटा जांवदी ए
काई मापिआं दिआं खरबूजयां नूं कौड़े बकबके चा बणांवदी ए
काई आखदी ऐंठया[1] रांझया वे मार बाहुली पार नूं धांवदी ए
मुरदे तारियां तरन चफाल[2] करके काई इक छाल घड़म दी लांवदी ए
कुते तारियां तरन चवाओ[3] करके इक निओल निसर रूड़ी आंवदी ए
इक शरत बधी टुभी मार जाये ते पताल दी मिटी लयांवदी ए
इक बणदा चतरांग मुरगाबियां हो सुरखाब ते कूंज बण आंवदी ए
इक वांग ककूहीयां संघ टडन इक कूंज वांगो बुलांवदी ए
इक ढींग बने इक बने बगला इक बने जलांवनी आंवदी ए
इक औकड़ बोलदी टटिहरी हो इक हो संसार सरलांवदी ए
इक दा पलसेटियां हो बोलहण मशक वांगरां ढिड फुकांवदी ए
हीर तरे चुतरफ ही रांझने दे मोई मछली बन बन आंवदी ए
आप बने मछली नाल चावड़ा दे मिएं रांझे नूं कुरल बनांवदी ए
उस तखत हजारे दे नढड़े नूं रंग रंग दियां जालियां पांवदी ए
वारस शाह जटी नाज नयाज कर के नित याद दा जी परचांवदी ए

124

कैदो आखदा मलकिए भेड़िए नी तेरी धीउ नूं वडा चंचल चाया ई
जाए नदी ते चाक दे नाल घुलदी एस मुलख दा अध गवाया ई
मां बाप काजी सभे होड़ थके एस इक ना जीउ ते लाया ई
मुंह घुट रहे वाल पुट रही थक हुट रही गैब चाया ई
हिक हुट रहे सिर सुट रहे अंत हुट रहे मन ताया ई
वारस शाह मियां सुते मामले नूं लंगे लुचे ने फेर जगाया ई

1. अकड़ा हुआ। 2. लाश। 3. खुशी।

125

मलकी आखदी सद तूं हीर तांई झब हो तूं औलिया नाईया वे
अलफू मोचिया मौजमा वागिया वे ढुडू माठिया भज तूं भाईया वे
वारस शाह माही हीर नहीं आई मेहर मंगूआं दी घरों आईया वे

126

झगड़ डूम ते फतू कलाल दौड़े भोला चूहड़ा ते झंडू चाक मियां
जा हीर अगे धुम घतीया ने बची कही उडाई आ खाक मियां
तेरी मां तेरे उते बहुत गुस्से बाप करेगा मार हलाक मियां
रांझा जा तेरे सिर आन बनी नाले आखदी मारीए चाक मियां
सियालां फिकर कीता तेरे मारने दा गिणे आपनूं बहुत चलाक मियां
तोता अम्ब दी डाली ते करे मौजां ते गुलेलड़ा पौस पटाक मियां
चुल्हीं सियालां ने अज न अग पाई सारा कोड़मा बहुत गमनाक मियां
वारस शाह यतीम दे मारने नूं चढ़ी सब झनाउं दी ढाक मियां

127

हीर माउं नूं आण सलाम कीता माउं आखदी आ नी नहरिए नी
बड़बोलीए गोलिए बेहयाये खंडो टिडिए गुल बहरिए नी
तूं आयके साड़के लोहड़ दिता लिंग घड़ूंगी नाल मुतहरिए[1] नी
अक उठसी आखनी हां टल जा उधलो महर रांझे दे नाल दिए महरिए नी
साहनां नाल रहें दिन रात खैंहदी आ टली कुपतीए रहड़िए नी
अज रात नूं जू वाह[2] डोबां तेरी सायत आंवदी कहरिए नी
वारस शाह जदों कपड़धड़ी होसी बेखीं नाल ढाहा उते लहरिए नी

128

अम्मां चाक बेले असीं पींघ झूटां कहे गैब दे तोतने बोलनी एं
गंदा बहुत मलूक मुंह झूठड़े दा ऐडा झूठ तहाड़ क्यों तोलनी एं
शोलह नाल गुलाब दे त्यार कीता विच पयाज क्यों झूठ दा घोलनी एं
गदों किसे दी नहीं चुरा आंदी दानी होइके गैब[3] क्यों तोलनी एं
अन सुणदियां नूं चा सुणाया ई मोए नाग वांगूं विस घोलनी एं
वारस शाह गुनाह की असां कीता ऐडे गैब दे कूड़ क्यों फोलनी एं

1. सोटा। 2. नदी। 3. अदृश्य लोक।

129

सड़े लेख साडे लज पई तैनूं वडी सोहणी देही नूं लीक लगी
नित करें यारी नित करें तोबा नित करें पखंड ते नित ठगी
असीं मन्हा कर रहे हां मुड़े नाहीं तैनूं किसे फकीर दी कही वगी
वारस शाह खंड ते दुध खांदी मारी फिटक दी गई जे हो वगी

130

अम्मां बस कर गालियां दे नाही गाली दितयां वडा सराप आवे
नीह रब्ब दी पटनी बहुत बुरी धीयां मारयां बड़ा अजाब[1] आवे
लै जाये मैं भईयड़ा पिठड़ी नूं कोई गैब ते सूल दा ताप आवे
वारस शाह ना मुड़ांगी रांझणे तों भावें बाप दे बाप दा बाप आवे

131

कैदो आनके आखदा सहुरयो ओये मैंथो कौन चंगा मत देसिआ ओये
एह नितदा पयार न जाए खाली पिंज गडी दादास ना देसिया ओये
हथों मार सियालां ने गल्ल टाली परा छड झेड़ा एह भेरसिया ओये
रग इक वधीक है लंडयां दीए किरतघण फरफेज मलखेसिया ओये

132

कई रोज नूं मुलक मशहूर होसी चोरी यारी जो ऐब कुआरियां नूं
जिनां बाण है नचने कुदने दी रखे कौन रंनां हैंसयारियां नूं
उस पा भुलाउड़ा ठगया ए कम पहुंचया बहुत खुआरियां नूं
जदों चाक उधाल लै जाए नढी तदों झूरसो बाजियां हारियां नूं
वारस शाह मियां जिनां लाइयां नी सोई जाणदे डारियां यारियां नूं

133

किस्सा हीर नूं तुरत सहेलियां ने जा कन्न दे विच सुनाया ई
तैनूं मेहना चाक दा दे कैदो उस परहे विच शोर मचाया ई
बाग ढोल हराम शैतान दे जी डंका विच बजार दे लाया ई
एह गल जे जाऊसी अज खाली तूं हीर क्यों नाम धराया ई
कर छडनी इसदे नाल ऐसी सुने देस जे कीतड़ा पाया ई
वारस शाह अपराधीयां रैहम नाहीं लंडे रिछ ने मामला चाया ई

---

1. कष्ट, मुसीबत।

134

हीर आखया वाड़ के फले अंदर गल पा रसा मुंह घुट घतो
लैके कुतके कुढन माछियां दे धड़ धड़े ही मार के कुट घतो
टंगों पकड़ के लक विच पा जफी किसे बोबड़े दे विच सुट घतो
मारो एसनूं लाके अग्ग झुगी साड़ बाल के चीज सब लुट घतो
वारस शाह मियां डाहडी भंवरी दा जे कोई वाल दिसे सब पुट घतो

135

सइयां नाल रलके हीर मता कीता खिड पुंडके गलियां मलियां नी
कैदो आन याजदों फलहे अंदर खबरां तुरत ई हीर नूं घलियां नी
हथीं पकड़ कांवा वांग शाह परियां गुसा खाइके लारियां जलियां नी
कैदो घेर जयों गधा घुमयार पकड़े लाह सेलियां पकड़ पथलियां नी
घाड घाड ठठयार जोपौन धमकां धाई छबियां मोहलियां[1] नीचालियां नी

136

गल पा के सेलियां[2] लाह टोपी पाड़ जुलीयां संघ नूं घुटया ने
भन्न दौर कुदके लड़न लतीं रोहड़ विच खुडल[3] दे सुटयां ने
झंजोड़ के कुट के तोड़ मोढा लांगड़[4] पा धड़ा धड़ कुटया ने
वारस शाह दाड़ी पुट फाड़ दिती हथ एह तां बड़ा अखेतरा सुटयो ने

137

हिक मार लतां दुई मार छमक[5] त्रीई नाल चटाकियां मारदी ए
कोई इट बटा जुती ढीम पथर कोई पकड़ के धौन मुढ मारदी ए
कोई पुट दाहड़ी दुबरू विच देंदी कोई डंडका विच गुजारदी ए
चोर मारीदा देखने चलो साधो वारस शाह एह जबत सरकार दी ए

138

पाड़ चुनियां सुथनां कुडतियां नूं चक वढ के चीकदा चोर वांगू
वते फिरन परावर जयों चंद दवाले गिरद पायलां पांदियां मोर वांगू
शाहूकार दा माल जयों विच कोटांदवाले चौंकियां फिरन लहौर वांगू
वारस शाह अगयारियां भखदियां दी एहदी प्रीत जो चंद चकोर वांगू

1. धान कूटने वाला सोटा। 2. रस्सी। 3. उखल। 4. लंगोट। 5. सोटी से मारना।

139

उहनूं फाटके कुट चकचूर कीता छालीं लायके पास ते धाइयां ने
हथीं बाल सुआतड़े काहने वडे भांवड़ बाल लैं आइयां ने
झुगी साड़ के भाडड़े भन्न सारे कुकड़ कुतियां चा भजाइयां ने
फौजां शाह दीयां वारसा मार पथर मुड़के फेर लहौर वल आइयां ने

140

कैदो लथड़ी तफड़ी खून वहिंदे कूक बाहुड़ी ते फरयाद मियां
मैंनूं मारके हीर खबार कीता पैंचो पिंड दयो देहो खां दाद मियां
कफनी पाड़ बादशाह दे जा दसां मैं तां पट सुटां बुनयाद मियां
मैं बोलनों न रिहा सच पिछे झगी फूक कीता बे आबाद मियां
चलो झगड़िये चल के नाल चूचक एह गल न जाये बरब्बाद मियां
वारस शाह अहमकां[1] नूं बिना फट खाधे नहीं आंवदा इशक स्वाद मियां

141

चूचक आखया लंडयां जाह साथों तैनूं वल है झगड़यां झेड़यां दा
तूं सरदार हैं चोरां उचकयां दा सूहा बैठा एं महानूआं भेड़यां दा
तैनूं वैर है नाल अजानयां दे अते वैर है दब दरेड़यां दा
आप छेड़ के पिछडें दी फिरन रोंदे एह चज है माहणूआं[2] फेड़यां दा
वारस शाह इबलीस[3] दी शकल कैदो एह मूल है सब बखेड़यां[4] दा

142

मैंनूं मार के उधलां मुंज कीता झुगी लाए मुआतड़े साड़ियां ने
दौर भन्न के कुटके साड़ मेरे पैवंद जुलियां फोल के पाड़ियां ने
भन्न कुटीया मेरी अफीम लुटी मेरी बावनी चाए उजाड़ियां ने
धाड़ेमार धड़वैल एह माल लुटण मेरा मुलख लुटिया ऐनां लाड़ियां ने
झूठियां सचियां चुगलियां मेल के ते घरो घरी तूं लूतियां[5] सुनावना एं
पिउ पुतरां नूं यार यार कोलों मावां धीयां नूं पाड़ वखावना एं
तैनूं बान है बुरा कमावने दी ऐवें टकरां पया लड़ावना एं
परां जा जाह जटा पिछा छड साडा एवड कास नूं पिआ अकावना एं

1. बेअकल। 2. मनुष्य। 3. शैतान। 4. झगड़े। 5. चुगलिआं।

143

धरोई रब्ब दी न्यायों कमायो पैंचो भरे देस विच फाटया कुटवा हां
मुरशद बखशया सी ठूठा भन्नया ने धुरों जढ़ां थी ला मैं पुटया हां
मैं मारया वेखदे मुलक सारे धूह करंके मोए वांग कुटया हां
हड गोडड़े भन्न के चूरा कीते अड़ीदार गदों वांग सुटया हां
वारस शाह मियां वडा गजब होया रो रो के बहुत नखुटया हां

144

कुड़ियां सद के पैचों ने पुछ कीती लंगा कासनूं ढाह के मारया जे
बाझ ऐवें तकसीर[1] गुनाह लुटया इके कोई गुनाह नितारया जे
हाल हाल करदा पये विच बैठा एडा कहर ते खून गुजारया जे
झुगी साड़ के मार के भन्न भांडे एस फकर नूं मार उजाड़या जे
कहो कौन तकसीर फकीर अंदर फड़े चोर वांगूं ढांह मारया जे
वारस शाह मियां पुछे छोहरियां नूं अग लाए फकीर कयों साड़या जे

145

मुंह उंगलां घत के कहन सभे कारे करन थीं एह ना संगदा ए
साडियां मंमियां टोंहदा छेड़ गलां पिछों होएके सुथणां सुंघदा ए
सानूं कठियां करें ते आप पिछों सान होएके टपदा रिंगदा ए
नाल बन्न के जोग नूं जोअ देंदा गुतां बन्न के खिचदा टंगदा ए
तेड़ों लाह घाई ते फिरे भौंदा भऊं भऊं मूतदा ते नाले त्रिंगदा ए
वारस शाह उजाड़ विच जाय के ते फुल साढियां कनां दे सुंघदा ए

146

कैदो आखदा लोको एह झूठ सारा खेखन कुड़ियां ने एह भरपूर कीते
झुगी साड़ भांडे भन खोह दाढ़ी लाह पग पठे पुट दूर कीते
टंगों पकड़ घसीट के विच खाई लतां मारके खलक रंजूर[2] कीते
वारस शाह गुनाह थीं पकड़ काफर हढ पैर मलायका[3] दूर कीते

1. कसूर। 2. दुःखी। 3. फरिश्ते।

147

वार घतियां कौन बलाए कुता दुरकार के परां ना मारदे हो
असां भईअड़े पिटियां हथ लाया तुसीं एतनी गल न नितारदे हो
फरफेजियां मकरियां ठकरियां नूं[1] मूंह ला के चा विगाड़दे हो
मुठी मुठी हां ऐड अपराध पैंदा धीयां सद के परहे विच मारदे हो
एह लुचा मुशटंडड़ा असीं कुड़ियां अजे सच ते झूठ नितारदे हो
पुरूष होय के पढियां नाल घुलदा तुसीं गल की चा निघारदे हो
वारस शाह मियां मरद सदा झूठे रन्नां सचियां सच की तारदे हो

148

कैदो बाहुड़ी ते फरयाद कूके धीयां वालयो करो नयां मियां
मेरा हट पसारी दा लुटया ई कोल वेखदा पिंड गिरां मियां
मेरे भंग अफीम ते पोसत लुड़िया होर नयामतां दा क्या नां मियां
मेरी तुसां दे नाल ना सांझ कोई पिंन टुकड़े पिंड दे खां मियां
तोते बाग उजाड़दे मेवयां दे अते फाह लयांवदे कां मियां

149

पैचां कैदो नूं आखया सबर कर तूं तैनूं मारया ने झखां मारया ने
हाये हाये फकीर ते कहर होया कोई वडा ही खून गुजारया ने
बहुत दे दिलासड़ा पूंझ अखीं कैदो लंडे दा जीऊ चा ठारया ने
कैदो आखदा धीयां दे वल होके देशों दीन ईमान निघारया ने
वारस अंध राजा ते बेदाद[2] नगरी झूठा दे दिलासड़ा मारया ने

150

चूचक आखदा अखीं विखा मैंनूं मुंडी[3] लाह सुटां गुंडे मुंडयां दी
हक अयां तराह मैं तुरत माही साडे देस ना थां है गुंडयां दी
सिर दोहां दे वढ के अलख लाहां असीं सथ ना परे हां गुंडयां दी
कैदो आखया वेख फड़ावना हां भला माखड़ी एहनां लुंडयां दी
एस हीर दे बिरछ दी भंग लैसां सेहली वटसां चाक दे जुंडयां दी
अखीं वेख के फेर जे ना मारो तदों जानसों परे दे बुंडयां दी
वारस शाह मियां एथों खेड़ पौंदी वेखो बुंडयां दी अते मुंडयां दी

1. फरेब करने वाले प्रपंचियों को। 2. बे-इंसाफ। 3. सिर।

151

वढी होई हुशेर[1] जा छिपया ए पोह माघ कुता विच कुन्नूयां[2] दे
होया छाह वेला जदों विच बेले फेरे आन पये ससी पुन्नयां दे
बूटा भन्न रांझे दे हथ मलिया ढेर आन लगे रते चुन्नूयां दे
बेला लालो ही लाल पुकारदा सी कैदो हो रिहा वांग घुन्नूयां दे

152

जदों लाल कचौरी नूं खेड सइयां सभो घरो घरी उठ चलियां नी
रांझा हीर नयारड़े हो सुते कंधीं नदी दीयां महियां मलियां नी
पए वेख के दोहां इकठयां नूं टंगां लंडे दियां तेज हो चलियां नी
परे विच कैदो आन पग मारे चलो वेख लौ गलां अवलियां ने

153

परे विच बेइजती कल होई चोभ विच कलेजे दे चमकदी ए
बेशरम है टप के सिरीं चढ़दा भले आदमी दी जान धमकदी ए
चूचक घोड़े ते तुरत सवार होयां हथ सांग जयों बिजली लिशकदी ए
सुम्म घोड़े दे काड़ ही काड़ वजन हीर सुनदयां रांझे तों खिसकदी ए
उठ रांझया बाबल आंवदा ई नाले गल करदी नाले रिसकदी ए

154

महर देखके दोहां इकठयां नूं गुस्सा खायके होया ई रत बन्नां
एह देखो अपराध खुदाय दा ए बेले विच अकलियां फिरन रन्नां
अखीं नीवियां रख के ठुमक चली कछे मार के चूरी दा थाल छन्नां
चूचक आखया रख तूं जमा खातर तेरे सोटयां दे नाल लिंग भन्नां

155

मही छड माही उठ जाए भुखा उहदे खाने दी खबर ना किसे कीती
भता फेर ना किसे ल्यावणा ए एदूं पिछली बाबला हो बीती
मसत होय बेहाल ते महर कमला जिवें किसे अबदाल[3] ने भंग पीती
किते एसनूं झब वयाह देईये एहो महर दे जीऊ दे विच सीती

1. सवेर। 2. बड़ा ढेर। 3. मलंग, फकीर।

156

जदों रांझना जाए के चाक बनया मझी सांभियां चूचक सयाल दीयां ने
खबरां तखत हजारे विच जा पुजिआं कूमां[1] उस अगे बड़े माल दीयां ने
भाइयां रांझे दयां सयालां नूं खत लिखया जातां महरम जात दे हाल दीयां ने
मौजू चौधरी दा पुत चाक लायो एह नूं कुदरतां जल जलाल[2] दीयां ने
साथों रूस आया तुसीं मोड़ घलो ऊहनूं बाहरां रात दिन भाल दीयां ने
जिस भूई तों रूसके एह आया क्यारियां बनियां पइयां इस लाल दीयां ने
साथों वाहियां बीजीयां लये दाने अते महानियां[3] पिछले सास दीयां ने
महीं चार के वढयो नक साडा साथों खूहनियां एसदे माल दीयां ने
मही कटक नूं देके खिसक जासी साडा नहीं जुमा फिरो भाल दीयां ने
एह सूरतां ठग जो वेखदे हो वारस शाह फकीर दे नाल दीयां ने

157

तुसीं घल देहो तां अहसान होवे नहीं चल मेला असीं आवने हां
गल पलड़ा पा के वीर सभे असी रूठड़ा वीर मनावने हां
असां आयां नूं जे तुसी नाह मोड़ो तदों पये पक पकावने हां
नाल भाइयां पिंड दे पैंच सारे वारस शाह नूं नाल लै जावने हां

158

चूचक सयाल ने लिखया रांझया नूं नढी हीर दा चाक उह मुंडड़ा जे
सारा पिंड डरे एस चाक कोलों सिर माहीया दे उस दा कुंडड़ा जे
असां जट ही जान के चाक लाया देइये त्राह जे जानिये गुंडड़ा जे
एडा गभरू घरों क्यों कढया जे लंडा नहीं कमचोर ना टुंडड़ा जे
सिर सोंहदिहां बोदिदां नढड़े दे कन्नीं लाडले दे बने बुंदड़ा जे
वारस शाह ना किसे नूं जानदा ए पास हीर दे रात दिन हुंदड़ा जे

159

घर आइयां दौलतां कौन देंदा किसे बन्न पिंडों कौन टोड़या ए
असां जिउंदयां नहीं जवाब देना साडा रब्ब ने जोड़ना जोड़या ए
किसे चिठियां खत सुनेहयां ते माल टुटया नाहीयों मोड़या ए
जाये भाइयां भाबियां पास जम जम किसे हटकना ते नाही होड़या ए
वारस शाह सियाला दे बाग विचों असां फुल गुलाब दा तोड़या ए

1. अनगिनत। 2. कुदरत का खेल। 3. वज़न की एक इकाई।

160

रांझे दीयां भरजाइयां तंग होके खत हीर सयाल नूं लिखया ए
साथों छैल वधीक सौ वार सुटी लोक यारियां किधरों सिखया ए
देवर चंद साडा साथों रूस आया बोल बोल के घरां थीं त्रिखया ए
साडा लाल मोड़ो सानूं पायो जानो कमलियां नूं पाई भिखया ए
कुड़े सांभ नाहीं माल रांझयां दा कर सारदा दीदड़ा तिखया ए
झट कीतियां लाल न हथ आवण सोई मिले जो तोड़ दा लिखया ए
कोई ढूंढ़ वडेरड़ा कम जोगा अजे एह ना यारियां सिखया ए
वारस शाह लै चिठियां दौड़या ई कम्म कासदां[1] दे मियां सिखया ए

161

जदों खत दिता लिया कासदे ने नढी हीर ने तुरत फड़ाया ए
सारे मामले अते मिलाप सारे गिला लिखया वाच सुनाया ए
घलो मोड़के दयोर असाडड़े नूं मुंडा रूस हजारयों आया ए
हीर सद के रांझणे यार ताईं सारा मामला खोल सुणाया ए

162

भाइयां भाबियां चा जवाब दिता मैंनूं वतन थीं चा त्राहयो जे
भूएं खोह के बाप दा लया विरसा मैंनूं अपने गलों चा लाहयो जे
मैंनूं मार के बोलियां भाबियां ने कोई सच दा कौल निभायो जे
मैंनूं दे जवाब चा कढयो जे हल जोड़ क्यारड़ा वाहयो जे
रल रन्न खसमां मैंनूं ठिठ कीता मेरे अरश दा किंगरा[2] ढाहयो जे
नित बोलियां मारदियां जाह सयालों मेरा कढना देश थीं चाहयो जे
असीं हीर सयाल दे चाक लगे जटी मेहर दे नाल दिल फाहयो[3] जे
हुण चिठियां लिख के घलियां जे जदों खेतरी दा राखा चाहयो जे
वारस शाह समझा जटेटियां नूं साडे नाल केहा मथा डाहयो जे

1. खत ले जानेवाले। 2. किनारा। 3. फँसाया।

163

हीर पुछके आपने माहीए नूं लिखवा जवाब चा टोरया ई
तुसां लिखया ते असां वाचया ई सानूं वावदयां ही लगा झोरया ई
असां धीदो नूं चा महींवाल कीता कदी टोरना ते नहीं लोड़या ई
कदे पान ना वल फेर ते पहुंचे शीशा चूर होया किसे जोड़या ई
गंगा गइयां न हडियां मुड़दियां ने गए वकत नूं किसे ना मोड़या ई
हथों छुटके तीर ना कदे मिलदे वारस छडना ते नहीं छोड़या ई

164

जे तूं सोहणी होयके बणें सौकन असीं इक थीं इक चढ़ंदियां हां
रब्ब जाणदा ए सभा उमर सारी असीं एस महबूब दियां बंदियां हां
असी एस दे मगर दीवानियां हां भावें चंगियां ते भावें मंदियां हां
उह असां दे नाल है चंद हुनदा असी खितीआं[1] नाल सुहंदियां हां
उह मारदा गालियां दे सानूं असीं फेर मुड़ चौखने[2] हुंदियां हां
जिस वेलड़े दा साथों रूस आया असी हंझू रत दे रूंदियां हां
एह दे थां गुलाम लौ होर साथों ममनून[3] अहसान दीयां हुंनियां हां
रांझे लाल बाझों असीं खवार होइयां कूंजां डार थीं असीं विछुंनियां हां
जोगी लोकां नूं मुनके करन चेले असीं एसदे इशक ने मुनियां हां
वारस शाह रांझे अगे हथ जोड़ां तेरे प्रेम दी अग्ग ने भुनियां हां

165

चूचक सयाल तों लिखके नाल चोरी हीर सयाल बह कही बतीत है नी
साडी खैर है चाहुंदी खैर तुसां दी जेही खत ते लिखण दी रीत है नी
होर रांझे दी बात जो लिखीया जे एह तां गल बुरी अनानीत[4] है नी
रखा चाए मसहिफ[5] कुरान उस नूं कसम खाए के विच मसीत है नी
तुसीं मगर क्यों एस दे उठ पइयो एहदी असां दे नाल प्रीत है नी
असीं त्रिंजणां विच जा बहणिआं सानूं गाउणा एस दा गीत है नी
दिने छोड मझी वड़े झल घेले एस मुंडड़े दी एहा रीत है नी
रातीं आयके अला नूं याद करना वारस शाह दे नाल एह पीत है नी

1. तारों का जमघट। 2. कुरबान होना। 3. कृतज्ञ। 4. बुरी। 5. कसफ।

166

 नी मैं घोल घती एहदे मुखड़े तों पाओ दुध चूरी एहदा कूत है नी
इललिल दीयां जलियां पौंदा ए जिकर हयू ते लायभूत[1] है नी
नहीं भाबियां ते करतूत काई सभे लड़न नूं होई मजबूत है नी
जदों तुसां ते सी गाली देंदियां साओ एहतां ऊतनी[2] दा कोई ऊत है नी
भारया तुसां दे मेहनयां गालियां दा एह तां सुक के होया तबूत[3] है नी
सौंप पीरां नूं झल विच छेड़ महीयां एहदी मदद ते खिजर ते लूत[4] है नी
वारस शाह फिरां ओहदे मगर लगा अज तीक ओ रिहा अछूत है नी

167

साडा माल सी सो तेरा हो गया जरा वेखना बरा खुदाइआं दा
तूं ही चटया ते तूं ही पालया ए ना एह बाप दा ते ना एह भाइयां दा
शाहूकार हो बैठी ऐ मार थैली खोह बैठी ऐं माल तूं साइयां दा
अग लैण आई घर सांभयो ई एह तेरा है बाय ना भाइयां दा
गुडा हथ आया तुसां गुडियां दे अंनी चूही ते थोथयां घाइयां दा
वारस शाह दी मार ही वगे हीरे जेहा खोह लया वीर तूं भाइयां दा

168

तुसीं एसदे खयाल ना पवो अड़ियो नहीं खटी कुझ एस वपार उतों
नी मैं जीउंदी एस बिन रहां कीकूं घोल घोल घती रांझे यार उतों
झलां बेलयां विच एह फिरे भौंदा सिर वेचदा मैं गुनाहगार उतों
मेरे वासते कार कमांवदा ए मेरी जिंद घाती एहदी कार उतों
तदों भाबियां साक ना बणदियां सन जदों सुटया पकड़ पहाड़ उतों
घरों भाइयां चा जवाब दिता एहना भूईं दीआं पतियां चार उतों
ना उमैद हो के वतन छड तुरया मोती तुरे जिउं पट दी तार उतों
बिना मेहनतां मसकले[5] लख फेरो नहीं मोरचा[6] जाए तलवार उतों
एह मेहणा लहेगा कदी नाहीं एस सियालां दे सभ प्रवार उतों
नढी आखसन झगड़दी नाल लोकां एस सोहणे भंबड़े[7] यार उतों
वारस शाह समझा तूं भाइयां नूं हुण मुड़े ना ला लख हजार उतों

1. अमर। 2. बिगड़ा हुआ। 3. पिंजर। 4. बदनामी।
5. रेगमाल जैसा कागज़। 6. जंग। 7. अनोखे।

169

आखो रांझे दे नाल वयाह देवां इके बनड़े चा मंगाईए जी
हथी आपणी किते समान कीजे जान बुझ के लीक ना लाईए जी
भाइयां आखया चूचका एस मसलत[1] असीं आखदे ना शरमाईए जी
साडा आखया जे कर मन्न लयें असीं खोहल के चाए सुनाईए जी
वारस शाह फकीर प्रेम शाही हीर उस तों पुछ मंगाइए जी

170

नाल रांझया कदी ना साक कीता नहीं दितियां असां कुड़माइयां वे
किथों रूलदयां गोलयां आकयां नूं मिलन एह सयालां दीयां जाइयां वे
नाल खेड़यां दे एहा साक कीजै दिती मसलत सभनां भाइयां वे
भलयां साकां दे नाल चा साक कीजो धुरों एह जो हुंदियां आइयां वे
वारस शाह अगयारियां भखदियां नी किसे विच बारूद छुपाइयां वे

171

खेड़यां भेजया असां थे इक नाई करन मिंनतां चाए एहसान कीचै
भले जट बूहे उते आन बैठे एह छोकरी उन्हां नूं दान कीचै
रल्ल भाइयां एह सलाह दिती किहा असां दा सभ प्रवान कीचै
अन्न धन दा कुझ विसाह नाहीं अते बाहां दा ना गुमान कीचै
जिथे रब्ब दे नाम दा जिकर आवे लख बेटियां चा कुरबान कीचै
वारस शाह मियां नहीं करो आकड़ फरऔण[2] जेहां वल धयान कीचै

172

चूचके फेर के गंढ[3] सदाए घले आबन चौधरी सारयां चकरां दे
हथ देह रुपया पले पाए शकर सवाल पोंदे छोहरां[4] बकरां[5] दे
कहया लागियां सन नूं सन[6] मिलया तेरा साक होया नाल ठकरां[7] दे
धरया ढोल जटेटियां देहुं वेलां छने लिऔंदियां आनयां शकरां दे
रांझ हीर सुनया दलगीर होए दोवें देण गाली नाल अकरां[8] दे

---

1. भलाई। 2. प्राचीन मिस्री बादशाह। 3. विवाह की भाजी। 4. लड़कियां। 5. कुंवारी।
6. बराबर की टक्कर। 7. अमीर, जमींदार। 8. क्रोध।

173

मिली जा वधाई जा खेड़यां नूं लुडी मारके झुंमरा[1] घत दे ने
छालां मार उपुठियां खुशी होए के लाए मजलसां खेड़दे वत दे ने
भुले कुड़म मिले सानू शरम बाले रजे जट वडे अहिल पत दे ने
वारस शाह दी शीरनी वंडदिआं ने वडे देगचे दुध ते भत दे ने

174

हीर माउं दे नाल आ लड़न लगी तुसां साक कीता नाल जोरियां दे
कदों मंगया मुनस मैं तुध कोलों बैर कढया ने लाल घोरियां दे
हुण करें वलाए क्यों असां कोलों एह कम्म ना हुंदे ने चोरियां दे
जेहड़े होन विआकुल चा लांवदे ने इटां बारियां दीयां विच मोरियां दे
चाए चुगद[2] नूं कूंज दा साक दितो परी बधीया ई गल ढोरियां दे
वारस शाह मियां गनां जग सारा मजे चख लै पोरियां पोरियां दे

175

हीर आखया रांझया कहर होया एथों उठ के चल जे चलना ई
दोवें उठ के लंबड़े राह[3] पईए कोई असां ने देस ना मलना ई
जदों झुगड़े वड़ी मैं खेड़यां दे किसे असां नूं मोड़ ना घलना ई
मां बाप ने जदों वयाह दिती कोई असां दा जोर ना चलना ई
असीं इशक दे आन मैदान रूझे[4] बुरा सूरमे नूं रनों भजना ई
वारस शाह दे इशक फिराक दौड़े एह कटक फिर आख किस झलना ई

176

हीरे इशक ना मूल सवाद देंदा नाल चोरियां अते उधालियां दे
किड़ा[5] पौंदियां मुठे हा देस विचों किस्से सुने सन खूनियां गालियां दे
ठगी नाल तैं महीयां चरावा लइयां एह राह ने रनां दियां चालियां दे
वारस शाह सराफ सभ जाणदे नी ऐब खोटयां पैसयां वालियां दे

---

1. एक नाच का नाम। 2. उल्लू। 3. दूर विदेश की राह।
4. व्यस्त होना। 5. आवाज़ें।

177

चूचक सयाल ने कौल विसार दिते जदों हीर नूं पाया माइयां नी
कुड़ियां झंग सयाल दीयां धुन्बला हो सभे पास रंझेटे दे आइयां नी
उथे वयाह दे सब समान होए गंढी फेरियां देस ते नाइयां नी
ओए मूरखा पुझ तू नढड़ी नू मेरे नाल तू केहीया चाइयां नी
हुन तेरी रझेटया गल कीकूं तूं हीं रात दिन महीं चराइयां नी

178

हीरे कहर कीतो रल नाल भाइयां सभा खुलक[1] तूं चा गवाइयां नी
जे तूं अंत एहो पिछा देवना सी एडिआं मेहनतां काहे कराइयां नी
एहा हद हीरे तेरे नाल साडी महल चाढ़ के पौड़ियां चाइयां नी
तैं तां वयाह दे हार शिंगार बधे अते खेड़यां घरीं वधाइयां नी
खाह कसम सौगंद तैं घोल पीती एह दसीं तूं पूरीयां पाइयां नी
बाहों पकड़ के टोर चा कढ देसों ओवें तोड़ नैनां जिवें लाइयां नी
यार यार थीं जुदा हुण दूर कीचै मेरे बाब तकदीर लिखाइयां नी
वारस शाह ठगिओ दगा दे के जेहियां कीतयां सो असां पाइयां नी

179

रांझे आखया मूंहों की बोलना ए घुट वट के दुखड़ा पीवना ई
मेरे सबर दी दाद जे रब्ब दिती खेड़े हीर सयाल ना जीवना ई
सबर दिलां दे मार जहान पटन उच्ची कासनूं असां बकीवना ई
तुसीं कमलियां इशक थीं नहीं वाकफ नेहुं लावणा निंम दा पीवना ई
वारस शाह जे चुप थीं दाद पाईए उची बोलयां वहीं विहीवना[2] ई

180

रल हीर ते आइयां फेर सभे रांझे यार तेरे सानूं घलया ई
खूंडी वंझली कमली सुट धते छड देस परदेस नूं चलया ई
जे तैं अंत ओहनूं पिछा देवना सी ओहदा कालजा कासनूं सलया ई
असां एतनी गल मालूम कीती तेरा निकल ईमान हुण चलया ई

---

1. शिष्टाचार। 2. गुजारा नहीं।

181

हीर आखया ओसनूं कुड़ी करके बुकल विच लुका लिआया जे
आमो साहमणे बैठ के करां झेड़ा तुसीं मुनसफ[1] हो मुकाया जे
मेरे माओं ते बाप तों करो पड़दा गल किसे ना मूल सुनाया जे
जेहड़े होन सचे सोई छुट जासन रल झूठियां नूं चाए लाया जे
मैं आख थकी ओस कमलड़े नूं लै के उठ चल वकत घुसाया जे
मेरा आखना ओस ना कन्न कीता हुण कासनूं डुसकना लाया जे
वारस शाह मियां एह वकत घुथा किसे पीर नूं ना हथ आया जे

182

राती विच रलाइके माहिये नूं कुड़ियां हीर दे पास लै आइयां नी
हीर आखया औंदे नूं बिसमिला[2] अज दौलतां मैं घर आइयां नी
रांझे आखया हीर दा वयाह हुंदा असीं वेखणे आइयां माइयां नी
सूरज चढ़ेगा मगरबों[3] जिवें कयामत तौबा तरक कर कुल बुराइयां नी
जिन्हां मही दा चाक सां सुणी नढी सोई खेड़यां दे हथ आइयां नी
ओसे वकत जवाब है मालकां नूं हिक धाड़विआं अगे लाइयां नी
एह सहेलियां साक ते सैन तेरे सभे मासीयां फुफीयां ताइयां नी
तुसां वहुटियां बनण दी नीत बधी लीकां हद ते पज के लाइयां नी
आस असां दी केही है नढीए नी जिथे खेढ़यां जरां वखाइयां नी
वारस शाह अलाह नूं सौंपियों तूं सानूं छड के होर दर लाइयां नी

183

खेड़यां साहा कढाएया बेहमनां तों भला थित महूरत ते वार मियां
नावीं सावनों रात सी वीर वारी लिख घलया एह दिन वार मियां
पहर रात नूं आन नकाह लैना ढिल लावनी ना जिनहार[4] मियां
उत्थे खेड़यां पुज समान कीता होये सियाल वी तुरत नयार मियां
वारस शाह सरबालड़ा नाल होया हथ तीर गाना ते तलवार मियां

1. मुंसिफ, इंसाफ करनेवाला। 2. बिस्मिल्लाह, अल्लाह के नाम से शुरू करना।
3. मगरिब (पश्चिम) से। 4. तुरंत।

184

लगे नुगदियां तलन ते सकरपारे ढेर लांवदे ने वड़ घेरवां दे
तले खूब जलेब गुलभिशत बूंदी लडू टिकियां भिनड़े मेवरां दे
मैदा खंड ते घिउ पा रहे जफी भाबी लाडली नाल जिउं देवरां दे
कलाकंद मखानयां सुआद मिठे पकवान गन्ने नाल तेवरां दे
होर जहान दी रसद आई, बाजूबद बंने सभा जमाह हाई नाल तेवरा दे

185

मठी होर खजूर पराकड़ी भी भरे टोकरे नाल समोसयां दे
अंदरसे कचौरियां अते लुची बड़े खंड दे खिरमयां खोमयां दे
पेड़े नाल खताइयां गोल गुप चुप बदानयां नाल पलोसयां दे
रांझा जोड़के परे फरयाद करदा वेखो खुसदे साक बेदोसयां दे
वारस शाह नसीब ही पैन झोली करम ढहन नाहीं नाल रांसियां दे

186

मुंडे मास चावल दाल दहीं धगड़ एह माहियां पालियां राहियां नूं
सभा चूहड़े चपड़े रज रहे राखे जेहड़े सी सांभदे वाहियां नूं
कामे चाक चोबर सीरी डंगरां नूं दहीं मुखपा जिउ दिसन बिलाइयां नूं
दाल शोरबा रसा मठा मंडे डूमां ढोलियां कंजरां नाइयां नूं

187

साक माड़यां खोह लैन डाढे अन पुजदे ओह ना बोलदे नी
नहीं चलदा वस लाचार होके मोए सप्प वांगू विस घोलदे नी
कदे आखदे मारीए आप मरीए पए अंदरों बाहरों डोलदे नी
गुन माड़यां दे सभे रहिन विचे माड़े माड़यां दे दुख फोलदे नी
शानदार[1] नूं करे ना कोई झूठा कंगला झूठा कर टोलदे नी
वारस शाह लुटाइंदे खड़े माड़े मारे खौफ दे मुंहों ना बोलदे नी

1. अमीर।

188

मुशकी[1] चावलां दे भरे आन कोठे सोनपतीए दे झोने छड़ी दे नी
बासबती पशावरी बेगमी सन हरी चंद ते जरदीए[2] परी दे नी
सठी किरचका सेउला किरत कंतल, अनोकीकला तीहरा सरी दे नी
बारीक सुफैद कशमीर चावल खुरश जेहड़े हूर ते परी दे नी
गुलियां सचियां नाक हथोड़ियां दे मोती चुन लंबोरिया[3] जड़ी दे नी
वारस शाह एह जेवरां घड़न ताईं पिछों पिंड सुनआरड़े फड़ी दे नी

189

कंगन नाल जंजीरियां पंज मुणियां हार लौंगां दे नाल पुरायो ने
तुंगा[4] नाल कपूरा[5] दे जुट सुचे तोड़े पाउंदे गजरयां छायो ने
पहौंची जुगनियां नाल हमेल माला मोहर बिछुए नाल घड़ायो ने
सोहनियां अलियां नाल पंजेब फबे घुंगरालड़े घुंगरू लायो ने
वारस शाह गहना ठीक चाक आहा सोई खटड़े[6] चा पवायो ने

190

असकंदरी नेवरां वीर बलियां पिपल वतरे झुमके सारयो ने
हस जड़े छनकंगनां नाल जुगनी ठिके नाल ही चा सवारयो ने
चंननहार लोगाढ़ियां नाल लूहला वडी डोल मयानडे धारयो ने
दाज घत के विच संदूक बधे सुनो की की दाज रंगारयो ने
वारस शाह मियां असल दाज रांझा इक ओह बदरंग करायो ने

191

लाल लुंगियां अते मताअ लाचे नाल रेशम खेस सलारियां ने
माणक चौंक पटामलां डोरिए सन बूंदा होर पंजदानियां सारियां ने
चोंप छैला ते चार सुतये सन चंदा मोरां दे बान्हणू[7] कारियां ने
सालू तीहरे चादरां बाफते दीयां नाल भोशनां दे फुलकारियां ने
वारस शाह चिकनी सिरोपाउ खासे ते पोष्ठाकियां मिलदया भारियां ने

1. खुशबूदार। 2. चावल की किस्म। 3. चावल की किस्म। 4, 5. गहनों की किस्म।
6. खटाई से गहने रगड़कर साफ करना। 7. बारीक मलमल के दुपट्टे।

192

डारां खूबां दीयां मेलणां दे मेल आइयां हूर परी दी होश गवांदियां ने
लख जटियां मुशक पलटियां ते आण पदमनी वांग सुहांदियां ने
बारां जात ते सत सनात[1] ढुकी रंग रंग दीयां सूरतां आंदियां ने
परीजात जटेटियां नैण खूनी नाल हेक महीन दे गानदियां ने
उते भोछन सन पंज पलिए[2] दे अते लुंगियां तेड़ झनादियां ने
नाल आरसी मुखड़ा देख सुन्दर खोल आशकां नूं तरसांदियां ने
इक खेल चादरां कढ छाती उपर वाड़यां झातियां पांदियां ने
इक वांग बसातियां[3] कढ लाटू वीराराध[4] दी नाफ[5] दिखांदियां ने
इक ताड़ी मारदियां नचदियां ने इक शौहदियां घाड़ियां गांदियां ने
इक गायके कोइयां काग होइयां इक राह विच दोहरे लांदियां ने
इक आखदी मोर ना मार मेरा इक विच मसोलड़ा[6] गांदियां ने
वारस शाह जिउ शेरगड़ कपट मेटन लख सगतां जिआरातां आंदियां ने

193

जिवें लोक निगाहे ते रतन थमन भड़थू मारदे रंग लांदियां ने
भड़थू मारके फुमनियां घतदियां ने इक आऊंदियां ने इक जांदियां ने
जेहड़ियां सिदकदे नाच नाल औंदियां ने कदम चुम मुराद सभ पांदियां ने
वारस शाह दा चूरमा कुट के ते देह फातया बंड वंडांदियां ने

194

ढाडी भगतीए कंजरियां नकलिए सन अते डूम सरोद वजाए के जी
कशमीरी ते दखनी नाल वाजे भेरां तुरियां छन वजाए के जी
केसर भिंनड़े पंगां दे पेच आहे घोड़े लूल्ह हमेल[7] छनकाए के जी
काठियां सुरख बनात दीयां हेठ ताज़ी[8] दारू पींवदे धरगा[9] वजाए के जी
फुलां सेहरयां तुरियां नाल लटकन टके दितो ने लख लुटाए के जी
वारस शाह मुख ते बन्ह मुकट सोहन सेहरे बन्ह बनाए के जी

1. अलग-अलग जाति की औरतें। 2. बारीक व फूलदार कपड़ा। 3. सुनार। 4. जिसने देवी को वश में किया हो। 5. धुनी। 6. सुंदर आंखों वाला पक्षी। 7. गले के गहने। 8. अरबी घोड़े। 9. नगारा।

195

आतशबाजियां छुटियां फुल झड़ियां नाले छुटियां वांग हवा मियां
हाथी मोर ते चकिया झाड़ छुटे ताड़ो ताड़ पटाखया पा मियां
सावन भादरों कुजियां खडियां ने टिंड चूहयां दी करे ता मियां
महिताबियां दे टोटके चादरां सन देन चकियां वडे रसा मियां

196

मेल मेल सयालां ने जंज आंदी लगीयां सौण[1] शगन करावने नूं
घत सुरम सलाइयां देण गाल्हां अते खडुकने[2] नाल खडावने नू
भरी घढ़ी घड़ोली ते कुड़ी नहाती आइयां फेर नकाह पढ़ावने नूं
मौली नाल चा खिचया गभरू नूं रोढियां लगियां आन खुवावणे नूं

197

काज़ी सदया पढ़न नकाह नूं जी हीर वेहर बैठी नहीं बोलदी ए
मैं तां मग रंझेटे दी हो चुकी मां कुफर दे गैब कयों लोलदी ए
निज़ाह[3] वकत शैतान जे दे पानी पई जान गरीब दी डोलदी ए
असां मंग दरगाह थीं लया रांझा सिदक सच जबान पहे बोलदी ए
असां जान रंझेटे दे पेश कीतो लख खेड़यां नूं चा घोलदी ए
मखन नजर रंझेटे दी असां कीती सुंजी मां कयों छाह नूं रोलदी ए
अंने मेउ[4] वांगू वारस शाह मियां पई मूत विच मछियां टोलदी ए

198

काज़ी महकमे विच इरशाद[5] कीता मन शरह दा हुकम जे जीवना ई
बाअद मौत दे नाल ईमान हीरे दाखल विच बहिश्त दे थीवना ई
नाल जौक ते शौक[6] दा नूर शरबत विच जनतउलअदन[7] दे पीवना ई
चादर नाल हया दे सतर[8] कीजे काहे दरज हराम दी सीवना ई

1. शादी के समय दी जाने वाली कसम। 2. शादी के समय खेला जाने वाला एक खेल। 3. मौत।
4. मल्लाह। 5. फरमाया। 6. इच्छा। 7. स्वर्ग में। 8. परदा।

199

हीरे रूप दा कुझ वसाह नाहीं मान मतीए मुशक पलटिए नी
नबी हुकम निकाह फरमा दिता रद फ़अनकहू मन लै जटिए नी
कदी दीन असलाम दे राह टुरिए जड़ कुफर दी तिले तों पटिए नी
जेहड़े छड हलाल हराम तकन विच हाविए दोजखी सटिए नी
खेड़ा हक हलाल कबूल कर तूं वारस शाह बन बैठिए वहुटिए नी

200

कलबुल मोमनी[1] अरश अल्लाह काज़ी अरश अल्लाह दा ढाह नाहीं
जिथे रांझे दे इशक मुकाम कीता ओथे खेड़यां दी कोई जाह नाहीं
एह चढ़ी गुलेल है इशक वाली ओथे होर कोई चाड़ लाह नाहीं
जिस जीवने काज ईमान वेचां एह कौन जो अंत फ़नाह नाहीं
जेहा रंघड़ा विच ना पीर कोई अते लुधरां दा बादशाह नाहीं
वारस शाह मियां काज़ी शरह दे नूं नाल अहल तरीकत[2] दे वाह नाहीं

201

दुर्रे[3] शरह दे मार उधेड देसां करां उमर खिताब दा नयां हीरे
घत कखां दे बिन मैं साड़ सुटां तैनूं वेखसी पिंड गरां हीरे
अखीं मीट के वकत लघा मोईए एह जोबना बदलां छां हीरे
खेड़े करीं कबूल जे खैर चाहवें छड चाक रंझेटे दा नां हीरे
वारस शाह हुण आसरा रब्ब दा ए जदों विटरे[4] बाप ते मां हीरे

202

रले दिलां नूं पकड़ विछोड़ देंदे बुरी बान है तिनांह हतिआरयां नूं
नित शहर दे फिकर गलतान[5] रहिंदे एहो शामत है रब्ब दयां मारयां नूं
खावन वढियां नित ईमान वेचन एह मार है काज़ियां सारयां नूं
रब्ब दोजखां नूं भरे पा बालन केहा दोश है असां विचारयां नूं
वारस शाह मियां बनी बहुत औखी नाहीं जानदे सां इनहां कारयां नूं

1. भगवान के प्यारों के हृदय भगवान के अरश जैसे होते हैं। 2. सच के रास्ते पर चलने वाले लोग। 3. कोड़े। 4. नाराज़ 5. डूबे हुए।

203

जेहड़े छड के राह हलाल दे नूं तकन नजर हराम दी मारिअन गे
कबर विच वहा के मार गुरजी सभे पाप ते पुन्न नतारिअन गे
रोज हशर दे एह गुनहगार सभे घत अग दे विच नघारिअन गे
उस वकत ना किसे साथ रलना खाली जेब ते दसत ही झाड़िअन गे
वारस शाह एह उमर दे लाल मोहरे इक रोज नूं आकबत[1] हारियन गे

204

कालू-बला[2] दे दिन नकाह बधा रूह नबी दी आप पढ़ाया ए
कुतब हो वकील विच आन बैठा हुकम रब्ब ने आप कराया ए
जबराईल मेकाईल गवाह चारे अजराइल[3] असराफील आया ए
अगला तोड़ के होर नकाह पढ़ना आख रब्ब ने कदों फुरमाया ए

205

जेहड़े इशक दी अग दे ता तपे ओन्हां दोजखां[4] नाल की वासता ई
जिन्हां इशक दे नाम दा विरद[5] कीता ओहनां फिकर अंदेसड़ा[5] कासदा ई
आखर सिदक यकीन ते कम पौसी मूत चरगु[6] एह पुतला मास दा ई
दोजख मारया मिलन बेसिदक झूठे जिन्हां बान तकन आस पास दा ई

206

लिखया विच किताब कुरान दे जी गुनाहगार खुदा दा चोर है नी
हुकम माउ ते बाप दा मंन लैना जेहड़ा राह तरीकत[7] दा ज़ोर है नी
जिन्हां ना मनया पछोतावणगे पैर देखके झूरदा मोर है नी
जो कुझ माउं ते बाप ते असीं करीए ओथे तुध दा कुझ ना ज़ोर है नी

207

काज़ी मां ते बाप करार कीता हीर रांझने नाल वयाहुनी ए
असां ओसदे नाल चा सिदक कीता गल गोर[8] दे तीक निभाहुनी ए
अन्त रांझे नूं हीर परना देनी कोई रोज दी एह पराहुनी ए
वारस शाह ना जानदी मैं कमली खोरश[9] शेर दी गधे ने डाहुनी ए

1. आखरी समय। 2. शुभ दिन। 3. यह चार फरिश्ते 4. नरक।
5. चिंता। 6. पक्षी। 7. मरियादा। 8. कब्र तक। 9. खुराक।

208

कुरब्ब[1] विच दरगाह दे तिनां नूं जे जेहड़े हक दे नाल नकाहीअन गे
जेहड़े छड के हुकम बे हुकम होए विच हाविए दोजखां डाहीअन गे
मां बाप दे हुकम विच चलन नाल शौक दे ओह विआहीअन गे
जेहड़े नाल तकबरी[2] करन आकड़ बांग बकरे ईद दे ढाहीअन गे
तन पाल के जिनां खुद-रूई[3] कीती अगे अग्ग दे आकबत[4] डाहीअन गे
वारस शाह मियां जेहडे बहुत स्याने काग वांग उह पलक विच फाहीअन गे

209

जेहड़े इक दे नाम ते महव होए मंज़ूर खुदाय दे राह दे नी
जिन्हां सिदक यकीन तेहकीक[5] कीता मकबूल दरगाह अल्लाह दे नी
जिनां नाउं महबूब दा बिरद कीता उह साहिब मरातबे जाह[3] दे नी
जेहड़े वढीयां खायके हक डोबण ओह चोर उचकड़े राह दे नी
एह कुरान मजीद दे माइने नी जेहड़े शेअर मीऐ वारस शाह दे नी

210

काज़ी आखदा एह जो रोड़ पका हीर झगड़यां नाल ना हारदी ए
ल्याओ पढ़ो नकाह मूंह बन्न इसदा मता कोई फसाद गुजारदी ए
छड मसजदां डेरियां विच वढ़दी छड बकरियां सूरियां चारदी ए
वारस शाह मधानिएं हीर जटी इशक दहीं दा घिउ नितारदी ए

211

काज़ी पड़ह निकाह ते घत डोली नाल खेड़या दे दिती टोर मियां
तेवरां बेवरां[6] नाल जड़ाउ गहिने दम दौलतां नअमतां होर मियां
टमक[7] महीं अते नाल ऊंठ घोड़े गहिणा पतरा[8] ढगड़ा ढोर[9] मियां
हीर खेड़या नाल न टुरे मूले पया पिंड दे विच एह शोर मियां
वारस हीर नूं घिंन के रवां होए[10] जिवें माल नूं लै के चोर मियां

1. नेड़ता। 2. घमंड के साथ। 3. अहंकार। 4. आखिर को। 5. विश्वास।
6. कपड़े। 7. छोटा नगारा। 8. धातु की चादर। 9. पशु। 10. हीर को लेकर।

212

डोली चढ़दयां मारियां हीर चीकां मैंनूं लै चले बाबला लै चले वे
मैंनूं रख लै बाबला हीर आखे डोली घत कहार नी लै चले वे
मेरा आखया कदी न मोड़दा सैं उह समें बाबल किथे गये चले वे
तेरी छतर छावें बाबल रूख वांगू घड़ी वांग मुसाफरां बह चले वे
दिन चार न रज अराम पाया दुख दरद मुसीबतां सह चले वे
साडा बोलया चालया माफ करना पंज रोज तेरे घर रह चले वे
लै वे रांझया रब्ब नूं सौंपयों तूं असी जालमा दे वस पै चले वे
जेहड़े नाल खयाल उसारदी सां खाने सभ उमैद दे ढह चले वे
असां वत ना आय के खेडना ई बाजी इशक वाली करके तह चले वे
सैदे खेड़े दी अज मुकान होई रोन पिटन करदे हाए हाए चले वे
चारे कन्नियां मेरियां वेख खाली असीं नाल नहीयों कुझ लै चले वे
कूड़ी दुनियां ते शान गुमान कूड़ा वारस शाह होरीं सच कह चले वे

213

मही टुरन ना बाझ रंझेटड़े दे भूहे होइके पिंड भजायो ने
धौन चाइके बूथियां उतांह करके शोर घाट ते धुम्मला लायो ने
मार चुंगियां लोकां नूं ढुंढ मारन भांडे भन्न के शोर घतायो ने
लोकां आखया रांझे दी करो मिंनत पैर चुमके आन जगायो ने
चशमां पैर दी खाक दा ला मथे वांग सेवकां सखी मनायो ने
भड़थू मारयो ने दवाले रांझने दे लाल बेग दा थड़ा पूजायो ने
पकवान ते पिंनियां रख अगे भोलू राम नूं खुशी करायो ने
मगर मही दे छेड़के नाल शफकत[1] सिर टुमक चा चवायो ने
वाहो दाही चले रातो रात खेड़े दाइरे जा के देहुं चढ़ायो ने

1. प्यार।

214

लै वे रांझया वाह मैं ला थकी मेरे वस थीं गल बे वस होई
काज़ी मापयां भाइयां बनन तोरी मैंडी तैंडड़ी दोसती बस होई
घरी खेड़यां दे नहीं वसना में साडी उन्हां दे नाल खरखस होई
जां जीवांगी मिलांगी रब्ब मेले हाल साल तां दोसती वस होई
वारस शाह तों पुछ लै लेख मेरे होनी हीर निमाणी दी सस होई

215

जो कुझ विच रजा दे लिख दिता मुंहों बस न आखिये भैड़ीए नी
सुन्ना सखना चाक नूं रखया ई मथे भौरीए चंदरीए चैड़ीए नी
जेकर मंतर कील दा ना आवे ऐवें सुतड़े नाग ना छेड़ीए नी
इके यार दे नाम तों फिदा होईए मौहरा दे के इके नबेड़ीए नी
दगा देवना होवे जिस आदमी नूं पहले रोज ही चा खटेड़ीए नी
जे ना उतरीए यार दे नाल पूरे ऐडे पिटने ना सहेड़ीए नी
वारस शाह तोड़ निभाहुनी दस सानूं नहीं दे जवाब चा टोरये नी

216

तैनूं हाल दी गल मैं लिख घलां तुरत हो फकीर तै आवना ई
किसे जोगी दा जा के बनी चेला सवाह लाके कन पड़वावना[1] ई
सभो जात सफात बरबाद करके अते ठीक तैं सीस मुणावना ई
तू ही जीउंदियां दईं दीदार सानूं असां वत न जीउंदियां आवना ई
यारी तोड़ निभावनी दस सानूं वारस एह जहान छड जावना ई

217

रांझे आखया सियाल रल गए सारे अते हीर भी छड ईमान चली
सिर हेठां नूं कर लया फेर चूचक जदों सथ विच आनके गल हली
धीयां वेंचदे कौल जबान हारन महराब मथे उते पौन ढिली
यारो सयालां दियां दाढ़ियां वेखदे हो जेही मूंग मंगवाड़ दी मसर फली
वारस शाह मियां धी सोहनी नूं गल विच चा पांवदे हैन टली

1. कान फड़वाना, नाथ संप्रदाय का जोगी बनना।

218

पैचां पिंड दयां सच तों तरक कीती काज़ी रिशवतां मारके चोर कीते
पहले होरनां नाल करार करके तम्हा वेख दामाद चा होर कीते
गल करे ईमान दी कढ छडन पैंच पिंड दे ठग ते चोर कीते
अशराफ़[1] दी बात मनजूर नाहीं चोर चौधरी अते लंडोर कीते
कां बाग दे विच कलोल करदे कूड़ा फोलने दे उते मोर कीते

219

यारो ठग सयालां तहकीक[2] जानो धीयां ठगनियां सब सिखांवदे ने
कौल हार जवानां दे साक खोवन पयोंद[3] होर धिर लांवदे ने
पुत वेख सरदारां दे मोह लैदे एहनूं महीं दा चाक बनांवदे ने
दाड़ी शेख दी छुरा कसाइयां दा बैठ परे[4] विच पैंच सदांवदे ने
जट चोर ते यार ते राह मारन डडियां[5] मोहदे सन्नां लांवदे ने
वारस शाह एह जट नी सभ खोटे वडे ठग ए जट झनांदे ने

220

डोगर जट ईमान नूं वेच खांदे सन्नां मारदे ते पाड़ा लांवदे ने
तरक कौल हदीस[6] दी नित करदे चोरी यारी ब्याज कमांवदे ने
जहे आप होवन तेहियां औरतां नी बेटे बेटियां चोरियां लांवदे ने
जेहड़ा चोर ते राहजन[7] होवे कोई उहदी बड़ी तारीफ सुनांवदे ने
मूंहों आख कुड़माइयां खोह लैंदे वेखो ते रब्ब मौत भुलांवदे ने
जेहड़ा पढ़े नमाज हलाल खावे ओहनूं मिहना मुतका लांवदे ने
वारस शाह मियां दो दो खसम दे दे नाल बेटियां वैर कमांवदे ने

221

जदों गानड़े दे दिन पुज गये लसी मुंदरी खेडने आइयां ने
सैदा लाल पीड़े उते आन बैठा कुड़ियां वहुटड़ी पास बहाइयां ने
पकड़ हीर दे हथ परात पाए बाहां मुरदयां वांग पलमाइयां ने
वारस शाह मियां नैणां हीर दयां ने वांग बदला छैहबरां लाइयां ने

1. शरीफ लोग, कुलीन। 2. सच। 3. कलम लगाना। 4. पंचायत।
5. कान का गहना। 6. धर्म की पालना नहीं करते। 7. लुटेरा।

222

घर खेड़यां दे जदों हीर गई चुक गए तगादड़े[1] अते झेरे
विच सयालां दे वी चुप चां होई अते खुशी हो फिरदे ने सब खेड़े
फौजदार तगयार[2] हो आन बैठा कोई रांझे दे पास ना पाए फेरे
विच तखत हजारे दे होण गलां रल भाबियां रांझे दियां करन झेरे
चिठी लिखके हीर दी उजरखाही[3] जिवें बोले नूं पुछीए हो नेरे
होई लिखी रजाय[4] रंझेटया वे साडे अलढ़े घाह ने तूं उचेड़े
मुड़ आ ना विगड़या कम तेरा लटकंदड़ा[5] घरी तूं पा फेरे
जेहड़े फुल दा नित तूं रवें राखा उस फुल नूं तोड़ लै गये खेड़े
जिस वासते फिरें तूं विच झलां जिथे बाघ बघेले ते शींह पेड़े
कोई नहीं वसाह कुवारियां दा ऐवें लोक नकमड़े करन झेड़े
तूं तां मेहनतां सैं दिन रात करदा वेखो कुदरतां रब्ब दियां कौन करे
ओस जूह न हिरनीयां पीन पानी घुस जान जित्थे मूंह हनेरे हेड़े[6]
वारस शाह एह नजर सी असां मंनी खुवाजा खिजर चराग दे लये फेरे

223

भाबी खिजां दी रूत जद आन पहुंची भौर आसरे ते जफर जालदे नी
सेउन बुलबुलां बूटयां सुकयां नूं फेर फुल लगन नाल डाल दे नी
असां जदों कदों उहनां पास जाना जेड़े महरम असाडड़े हाल दे नी
जिन्हां सूलियां ते लए चा झूटे मनसूर होरीं साडे नाल दे ने
वारस शाह जो गए नहीं मुड़दे लोक असां तों औना भालदे ने
मोजू चौधरी दा पुत चाक लया एह पेखने[7] जुल जुलाल[8] दे ने
एस इशक पिछे लड़न मरन सूरे सफां डोलदे खूनियां गालदे नी
भाबी इशक तो नसके ओह जांदे पुत्र होन जो किसे कंगाल दे नी
मारे बोलियां दे घरीं नहीं वड़दे वारस शाह होरी फिरन भालदे नी

1. झगड़े। 2. तब्दील हो के। 3. क्षमा चाहने वाला। 4. भगवान की मर्जी।
5. बेमतलब घूमना। 6. शिकारी। 7. तमाशे। 8. सर्व शक्तिमान।

224

गई उमर ते वकत फिर नहीं मुड़दे गए करम ते भाग न आंवदे ने
गई गल जबान थीं नहीं मुड़दी गए रूह कलबूत[1] ना आंवदे ने
गई जान जहान थीं छड जुसा कई होर सयाने फरमांवदे ने
मुड़ एतने फेर जे आंवदे ने रांझे यार होरी मुड़ आंवदे ने
अगे वाहियों चा गवायो ने हुन इशक थीं चा गवांवदे ने
रांझे यार होरां एह थाप छडी किते जा के कन्न पड़वांवदे ने
इके अपनी जिंद गवाउंदे ने इके हीर जटी बन्न लयांवदे ने
वेखो जट हुण फंद चलांवदे ने बन चेलड़े घोन हो आंवदे ने
वारस शाह मियां सानूं कौन सदे भाई भाबियां हुनर चलांवदे ने

225

मसलत हीर दयां सौहरयां एह कीती मुड़ पेइड़े[2] एह न घलनी जे
चाक मुड़ चम्बड़े विच सयालां एह गल कुसाक[3] दी हलनी जे
आखर रन्ना दी जात बे वफा हुंदी जा पेईअड़ घरीं एह मलनी जे
वारस शाह दे नाल ना मिलन देनी एह गल ना किसे उथलनी[4] जे

226

इक वहुटड़ी साहुरे चली सयालीं आई हीर तों लैन सुनेहयां नूं
तेरे पेकड़े चली हां एह गलों खोलह किसयां जेहयां केहयां नूं
तेरा सहुरयां तुध प्यार केहा ताजे करे सुनहेड़ा बेहयां नूं
तेरा गभरू नाल प्यार केहा बहुछियां दसदियां ने असां जेहयां नूं
हीर आखदी ओस दे गल एवें वैर रेशमां नाल ज्यों लेहयां नूं
वारस गाफ[5] ते अलफ ते लाम बोले[6] होर की आखां एहयां तेहयां नूं

227

हथ बन्न के गल विच पा पला कहीं उसनूं दुआ सलाम मेरा
मैंनूं बैरियां ते बस पाईयो ने सांइयां चा विसारया नाम मरो
माझू वाह[7] विच बोढ़िए मापयां ने उन्हां नाल नाहीं कोई काम मेरा
हथ जोड़ के रांझे दे पैर पकड़ी इक एतना कहि पैगाम मेरा
वारस नाल बे वारसां रहम कीजे मेहरबान होके आयो शाम मेरा

1. शरीर। 2. मायका। 3. बेरीत, बुरी। 4. कहना। 5. गाली। 6. गाली–गलौच। 7. नदी–नाला।

228

त्रुटे कहर कलूर[1] सिर ततड़ी दे तेरे बिरहौं फिराक ने कुठियां मैं
सुन्नी त्राट कलेजे दे विच धानी नहीं जिउना मरन ते रूठियां मैं
चोर पैन रातीं घर सुतयां दे देखो दिहें बाजार विच मुठियां मैं
जोगी होइके आये जे मिले मैंनूं किसे अम्बरों कहर दे त्रुटियां मैं
नहीं छड घर बार उजाड़ बैसां नहीं वसना ते नहीं वुठियां मैं
वारस शाह मियां प्रेम चिठियां ने मार पटियां फटियां कुठियां मैं

229

कुड़ियां जा वलाया रांझने नूं फिरे दुख ते दरद दा लदया ई
आय घिंन सुनेहड़ा सजनां दा तैनूं हीर प्यारी ने सदया ई
तेरे वासते मापयां घरों कढी असां सौहरा पेईड़ा रदया ई
झब होए फकीर ते पहुंच मैंथे, उथे झंडड़ा कास नूं गड़िया ई

230

मीएं रांझे मुलां नूं जा कहया चिठी लिखो जा सजनां प्यारयां नूं
तुसां सौहरे जा अराम कीता असीं ढोए हां सूल अगयारयां नूं
अग भड़क के जिमीं असमान साड़े चा लिखया जे दुखां सारयां नूं
मैंथों ठग के महीं चरा लइयां रन्नां सच ने तोड़दियां तारयां नूं
गिला वेखो जयों यार ने लिखया ए सजन लिखदे जिवें प्यारयां नूं
वारस शाह ना रब्ब बिना तांघ काई किवें जितीए पासयां हारयां नूं

231

तैनूं चाअ सी वडा वयाह वाला भला होया जे झब वहीजिए[2] नी
एथों निकल गईए भलयां दिनां वांगू अते सौहरे जा पतीजिए नी
रंग रतीए वौहटिए खेडयां दिए कैदो लंगे दिए गुंड भतीजिए नी
चुलियां पा पानी दुखां नाल पाली करमक[3] सैदे दे मापयां बीजिए नी
कासद[4] हीर नूं आखया जायके ते खत चाक दा लिखया लीजिए नी

1. मुसीबतें। 2. ब्याह होना। 3. करमों को। 4. खत ले जानेवाला।

232

तेरे वासते बहुत उदास हां मैं रब्बा मेल तूं चिरीं विछुंनियां नूं
हथी मापयां ने दिती जालमां नूं लगा लूण कलेजयां भुंनयां नूं
मौत अते संजोग ना टले मूले कौन मोड़दा साहयां पुनयां नूं

233

कैद आबखुरदी[1] खिची वांग किस्मत कोइल लंका दे बाग दी गई दिल्ली
मैंना लई बंगालयों चाक कमले खेड़ा पया अजगैब[2] दी आन बिल्ली
चुसती आपने पकड़ ना हार हिमत हीर नाहिओं इशक दे विच ढिल्ली
कोई जाईके पकड़ फकीर कामल फकर मारदे विच रजा किल्ली
वारस शाह मसतानड़ा ही लिला सेली गोदड़ी[3] पहन हो शेख चिल्ली

234

दिती हीर लिखाइके एह चिठी पीए रांझे दे हथ लै जा देनी
किते बैठ नवेकले सद मुलां सारी खोलके बात सुना देनी
हथ बन्न के मेरयां सजनां नूं रो रो के सलाम दुआ देनी
मर चुकी आं जान है नक उते इक वार प्यारे दीद[4] आ देनी
खेड़ा हथ ना लांवदा मंजड़े नूं हथ लाइके गोर विच पा देनी
कख हो रहियां गमां नाल रांझा इक चिनग लजाके ला देनी
मेरा यार है तां मैंथों पहुंच रांझा कन्नीं मिएं दे एतनी पा देनी
मेरी लईं निशानड़ी बाक छल्ला रांझे यार दे हथ फड़ा देनी
वारस शाह मियां उस कमलड़े नूं धुणख[5] जुलफ जजीर दी पा देनी

235

अगे चूड़ियां[6] नाल हंडाइयों नी जुलफां कुंडलदार हुन देख मियां
घत कुंडलां नाग सयाह पलमण[7] वेखे ओह झला जिस लेख मियां
मल वटना लोड़ ददासड़े दा नयन खूनियां दे भरन भेख मियां
आ हुसन दी दीद कर देख जुलफां खूनी नयनां दे भेख नू वेख मियां

---

1. दाना-पानी। 2. अनदेखा। 3. कपड़ों के नाम। 4. दर्शन। 5. ढंग। 6. कंवार वेले। 7. लटकते।

236

लिखया एह जवाब रंझेटड़े ने जदों जी विच ओसदे शोर पए
पहले दुआ सलाम प्यारां नूं मंझू वाह फिराक[1] दे बोड़ पए
असां जान ते माल दरपेश कीता तुसी लगड़ी परीत नूं तोड़ गए
उसे रोज दे असी फकीर होए जिस रोज दे हुसन ते चोर पए
साडी ज़ात सफात बरबाद करके लड़ खेड़यां दे नाल जोड़ गए
आप हस्स के सौहरा मलया जे साडे रूह दा रसा नचोड़ गए
वारस शाह मियां मिलियां वाहरां[2] नूं धड़वैल[3] वेखो जोरो जोर गए

237

साडी खैर है चाहुंदे खैर तेरी फेर लिखो हकीकतां सारियां जी
पाक रब्ब ते पीर दी मेहर बाझों कौन कटे मुसीबतां भारियां जी
मौजू चौधरी दा पुत चाक होके चूचक सयाल दीयां खोलयां[4] चारियां जी
दगा देके आप चढ़ जान डोली चंचल हारियां एह कुआरियां जी
सप रसियां दे करन मार मंतर तारे देंदियां जे हेठ खारियां जी
पेके जटां नूं मार फकीर करके लैण सौहरे जा घुमकारियां जी
आप नाल सुहाग दे जो रहन पिछे ला जावन पिचकारियां जी
सरदारां दयां पुतरां चाक करके आप मलदियां जा सरदारियां जी
वारस शाह ना हारदियां असां कोलौं राजे भोज थीं एह ना हारियां जी

238

रांझे आखया लुटदी हीर दौलत जरम[5] गालिए तां भेत पा लईए
रंग होर वटाय के जा वड़ीए नाल हीर दे अंग लगा लईए
इक होवना रिहा फकीर मैथों जरा इतना भी वस ला लईए
मखन पालया चिकना नरम पिंडा जरा सवाह दे विच रला लईए
किसे जोगी तों सिखीए सेहर[6] कोई चेले होए के कन्न पड़ा लईए
अगे लोकां दे झगड़े बाल सेके जरा आपने नूं चिनग ला लईए
अगे झंग सयालां दी सैर कीती जरा खेड़यां नूं झोक[7] ला लईए
उथे खुदी गुमान मनजूर नाहीं सिर वेचीए तां भेत पा लईए
वारस शाह महबूब नूं तदों पाईए जदों आपना आप गवा लईए

1. बिछड़ना। 2. खबरें। 3. लुटेरे। 4. डंगर। 5. तन। 6. जादू-टोना। 7. कुटिया।

239

बुझी इशक दी अग नूं वा लगी समां आया ए शौक जगावने दा
बाल नाथ दे टिले दा राह फड़्या मता जागया कन्न पड़ावने दा
पटे वाल मलाइयां दे नाल पाले वकत आया सू रगड़ मुनावने दा
जरम करम तयाग के ठान बैठा किसे जोगी दे हथ वकावने दा
बुंदे सोने दे लाह के चाअ चढ़या कन्न पाड़ के मुंदरां पावने दा
किसे ऐसे गुरदेव दी टहल करीए वल सिखीए रन्न खिसकावने दा
वारस शाह मियां एहनां आशकां नूं फिकर जरा ना जिंद गुवावने दा

240

होका फिरे देंदा पिंड विच सारे आयो किसे फकीर जे होवना जे
मंग खावना कम्म ना काज करना ना कुझ चारना ते ना कुझ चोवना जे
जरा कन्न पड़वा सवाह मलनी गुरु सारे जगत दा होवना जे
नही देनी वधाई फिर जमने दी किसे मोए नूं मूल ना रोवना जे
मंगना खावना ते नाले घूरना जे देनदार न किसे दे होवना जे
खुखी आपनी उठना मियां वारस अते अपनी नींद ही सोवना जे

241

टिले जाय के जोगी दे हथ जोड़े सानूं अपना करो फकीर सांई
तेरे दरस दीदार दे देखने नूं आया देस परदेस नूं चीर सांई
सिदक धार के नाल यकीन आया असीं चेलड़े ते तुसीं पीर सांई
बादशाह सचा रब्ब आलमां दा फकर ओसदे हैन वजीर सांई
बिना मुरशदां राह ना हथ आवन दुध बाझ ना रिझदी खीर सांई
याद हक दी सबर तसलीम निहचा[1] तुसां जग दे नाल की सीर[2] सांई
फकर कुल जहान दा आसरा है ताबे फकर दी पीर अमीर सांई
मेरी मां ना बाप ना साक भाई चाचा ताया ना भैन ना वीर सांई
दुनियां विच हां बहुत उदास होया पैरों साडयों लाह जंजीर सांई
वारस छड तैनूं दस जां किथे नजर औना ए जाहिरा पीर सांई

1. यकीन करके मानना। 2. सांझ।

242

नाथ वेख के बहुत मलूक चंचल अहल तबा[1] ते सोहना छैल मुंडा
कोई हुसन दी कान उशनाक[2] सुंदर अते लाडला मां ते बाप सदा
किसे दुख ते रूस के उठ आया अते किसे दे नाल पै गया धंदा
नाथ आखदा दस खां सच मैंथे तूं तां केहड़े दुख फकीर हुंदा

243

एह जग मुकाम फनाह[3] दा ए सभा रेत दी कंध एह जीवना ई
छां बदलां दी उमर बंदयां दी अजराईल[4] ने पाड़ना सीवना ई
एह जहान हैगा एथे सेहर मेला किसे नित ना हुकम ते थीवना ई
वारस शाह मियां अंत खाक होना लख आबेहयात[5] जे पीवना ई

244

हथ कंगना पौंचियां फब रहियां कंनी चमकदे सोने दे बुंदड़े नी
मझ पट दीयां लुडियां खेस उते सिर भिंने फुलेल दे जुंदड़े नी
सिर कूच के बारियां दार छले कजल भिंनड़े नयन नचुंडड़े नी
खान पीन पहरन सिरों मापयां दे तुसां जेहे फकीर क्यों हुंदड़े नी

245

खाब रात दा जग दियां सभ गलां धन माल नूं मूल ना झूरिए नी
पंज भूत विकार ते उदर पानी नाल सबर संतोख दे पूरिए नी
एहो दुख ते सुख समान जाने जेहे शाल मशरू तेहे भूरिए नी
भोग आतमा दा रस कस त्यागो वारस गुरु नूं कहे वडूरिए नी

246

भोग भोगना दुध ते दहीं पीवन पिंडा पालके रात दिन धोवना एं
खरा कठन है फकर दी वाट झागन[6] मुंहों आखके काहे वगोवना एं
वाहें वंझली त्रीमतां नित घूरे गाईं महीं वलायके चोवना एं
वारस आख जटा केही बनी तैनूं सुआद छडके खेह[7] क्यों होवना एं

---

1. शौकीन। 2. सयाना। 3. फना, विनाश। 4. यमदूत। 5. अमृत। 6. फकीरी। 7. मिट्टी।

247

जोगी छड जहान फकीर होए एस जग विच बहुत खुआरियां ने
लैन देन ते दगा अनियां करना लुट खुट ते चोरियां यारियां ने
ओह पुरख निरब्बान पद जा पहुंचे पंज इंदरियां जिनां ने मारियां ने
जोग दे के करो निहाल मैंनूं कहिया जिउ ते घुंढियां चाढ़ियां ने
एस जट गरीब नूं तार तिवें जिवें अगलीयां संगतां तारियां ने
वारस शाह मियां रब्ब शरम रखे जोग विच मुसीबतां भारियां ने

248

महांदेव थीं जोग दा पंथ बनया खरी कठन है जोग मुहिंम मियां
कौड़ा बक बका सवाद है जोग संदा जेही घोटके पीवनी निंम मियां
जहां सुन समाध दी मंडली है तहां जोड़ना है निंम झिंम मियां
तहां भसम लगाइके भसम होणा पेश जाए नाहीं गबर ते डिंम[1] मियां

249

तुसीं जोग दा पंथ बताओ मैंनूं शौक जागया हरफ[2] नगीनयां दे
एस जोग दे पंथ विच आ वड़या छपन ऐब सवाब कमीनयां दे
हिरस अग ते सबर दा पवे पानी जोग ठंड घते विच सीनयां दे
इक फकर ई रब्ब दे रहन साबत होर थिड़कदे अहल[3] खजीनयां दे
तेरे दर ते आन मुथाज होए असीं नौकर हां बाझ महीनयां दे
वारस हो फकीर मैं नगर मंगां छडां वायदे एहनां रोजीनयां[4] दे

250

एस जोग दे वाइदे बहुत औखे नाद अलेख ते सुन्न वजावना ओए
ताड़ी[5] लाइके नाथ वल ध्यान धरना दसवे दुआर सवास चढ़ावना ओए
जन्मे आय दा हरख[6] ते सोग छडे नहीं मोयां गयां पछोतावना ओए
नाम फकर दा बहुत असान लैना खरा कठन है जोग कमावना ओए
धो धाए के जटा नूं धूप देना सदा अंग भबूत रमावना ओए
उदयान[7] बासी जती सती जोगी झात स्त्री ते नाहीं पावना ओए
लख खूबसूरत परी हूर होवे जरा जीउड़ा नहीं भरमावना ओए

1. पाखंड। 2. अक्षर। 3. खज़ाने का मालिक। 4. वजीफे। 5. समाधि। 6. खुशी। 7. जंगल।

कंद मूल ते पोसत अफीम बचा नशा खाइके मसत हो जावना ओए
जग खाब खयाल दी बात जानी हो कमलयां होश भुलावना ओए
काम क्रोध ते लोभ हंकार मारन जोगी खाक दर खाक[1] हो जावना ओए
मेले साधां दे खेलीभा देश पछम नवां नाथां दा दरशन पावना ओए
घत मुंदरां जंगलां विच रहना बिन किंग[2] ते संख वजावना ओए
रन्नां घूरदा गांवदा फिरे वहशी तैथों औखड़ा जोग कमावना ओए
वारस जोग है कम नरासयां दा तुसां हक दा राह बतावना ओए

251

तुसी बखशना तां जोग किरपा दान करदयां ढिल ना लोड़ीए जी
जेहड़ा आस करके डिगे आन दुआरे जी ओसदा चा ना तोड़ीए जी
सिदक बनके जेहड़ा आ चर्ण लगे पार लाईए विच ना बोड़ीए जी
वारस शाह मियां जैंदा कोई नाहीं मेहर उसतों नांह विछोड़ीए जी

252

घोड़ा सबर दा जिगर[3] दी वाग दे के नफस[4] मारना कम्म भुझंगयां दा
छड हुकम ते जर फकीर होना एह कम्म है माहनूयां चंगयां दा
हशक करन ते तेग दी धार कपन नहीं कम्म एह भुखयां नंगयां दा
ऐथे थां नाहीं अड़बगयां दी एह कम है सिरां तों नंगयां दा
शोक मेहर ते सिदक यकीन बाझों किहा फायदा टुकड़यां मंगयां दा
वारस शाह जो इशक दे रंग रते हुंदे आप ही रंग बेरंगयां दा

253

जोग करन सो मरन थीं होए असथिर जोग सिखीए सिखना आया ई
निहचा धार के गुरु दे सेव करिये एह भी जोगियां दा फरमाया ई
नाल सिदक यकीन दे बन्न तकवा धन्ने पथरों रब्ब नूं पाया ई
मैल दिल दी धो के साफ कीती तुरत गुरु ने रब्ब मिलाया ई
बचा सुनो इस विच कलबूत खाकी सचे रब्ब ने थां बनाया ई
वारस शाह मियां हमाओसत[5] जापे सरब्ब मय भगवान नूं पाया ई

1. बरबाद। 2. साजदानां। 3. भगवान की महिमा। 4. अवगुन। 5. रब्ब ही रब्ब।

254

बचा! सैं तूं जिस कलबूत अंदर सचा रब्ब है थाओं बनाए रहया
माला मनकयां दे विच इक धागा तिवें सरब दे विच समा रहया
जिवें पतरी मेंहदी दे रंग रचाया तिवें जान जहान में आ रहया
जिवें रकत सरीर विच सास अंदर तिवें जात में जोत समा रहया
रांझा बन्नके खरच ही मगर लगा जोगी अपरा जोर सब ला रहया
तेरे दुआर जोगा हो रिहा हां मैं जोगी जट नूं कथा समझा रहया
वारस शाह मियां जिहनूं इशक लगा दीन दुनी दे कम थीं जा रहया

255

जोगी हो लाचार जां मेहर कीती तदों चेलयां बोलियां मारियां ने
जीभा साण चढ़ाय[1] के गिरद होए जिवें तिखियां तेज कटारियां ने
बेख सोहना रंग जटेटड़े दा जोग देन दियां करन त्यारियां ने
जोग देन ना मूल नमाणयां नूं जिनां कीतियां मेहनतां भारीयां ने
ठरक मुंडयां दे लगे जोगियां नूं मतीं[2] जिन्हां दियां रब्ब ने मारियां ने
वारस शाह खुशामदा[3] सोहनयां दियां गलां हकदियां नांह नितारियां ने

256

गैबत[4] करन बेगानड़ी अत औगन सते आदमी एह गुनाहगार हुंदे
चोर चुगल किरतघन ते झूठ बोले लूती लांवदे सतवां यार हुंदे
असां जोग नूं नहीं गल पहन बहना तुसी कासनूं ऐडे बेजार हुंदे
वारस जिन्हां उमैद ना तांघ काई कम्म तिन्हां दे आकबत[5] पार हुंदे

257

रल चेलयां ने चा मता कीता बाल नाथ नूं पकड़ पथलयो ने
छड दवार उखाड़ भंडार चले जा राह ते वाट[6] सब मलयो ने
सेलियां टोपियां कुश्रदां छड चले गुस्से जी दे नाल उथलयो ने
वारस शाह ना रब्ब बखील[7] होवे चारे राह नसीब दे मलयो ने

1. तेज़ करना। 2. अकल। 3. चापलूसी। 4. निंदा। 5. आखिर को। 6. रास्ता। 7. ईर्ष्यालु।

258

सुंझा[1] लोक बखील ते बाब मंदी मेरा रब्ब बखील ना लोड़ीए जी
कीजे गौर ते कम्म बना दीजे मिले दिलां नूं नांह विछोड़ीए जी
एह हुकम ते हुसन ना नित रैंहदे नाल आजजां करो ना जोरीए जी
जो कोई कम्म गरीब दा करे जाया सगों उसनूं हटकिये होड़ीए जी
बेड़ा लदया होया मुसाफरां दा पार लाईए विच ना बोड़ीए जी
जिमी नाल ना मारिये मूल ओहनां हथीं जिनां नूं चाढ़िये घोड़ीए जी
भला करंदयां ढिल ना मूल करिये किसा दूर दराज ना टोरीए जी

259

धुरों हुंदड़े कावसां[2] वैर आये बुरियां चुगलियां अते बखीलियां ओए
मैंनूं तर्स आया वेख जुहद[3] एहदा गलां मिठियां बहुत रसीलियां ओए
पानी दुध विचों कढ लैन चातर जदों छिल के पांवदे तीलियां ओए
गुरु आखया मुंदरां झब ल्यायो छड दयो गलां अठखीलियां ओए
नहीं डरन हुन मरन थीं भैर आशक जिन्हां सूलियां सिरां ते झीलियां ओए
वारस शाह फिर नाथ ने हुकम कीता कढ अखियां नीलियां पीलियां ओए

260

चेलयां गुरु दा हुकम परवान कीता जा सुरग दियां सिरियां मेलियां ने
सब तिंन सौ सठ जां भवे तीरथ वाच गुरां मंतरां कीलियां ने
नौ नाथ बवंजड़ा वीर आए चौसठ जोगनी नाल रसीलियां ने
छे छती ते दस अवतार आए विच आबहयात दे झीलियां ने

261

दिन चार बना सुका मुंदरां बाल नाथ दी नजर गुजारियां ने
गुस्से नाल विगाड़ के गल सारी डरदे गुरु तो चा सवारियां ने
जोरावरां दी गल है बहुत औखी जान बुझके बदी वसारियां ने
गुरु केहा सो ओहनां प्रवान कीता नरदां पुठियां ते बाजी हारियां ने
घुट वट के सम्म बुकुंम[4] नसुम्भ होई काई गल ना मोड़के सारियां ने
लया उसतरा गुरु दे हथ दिता जोगी करन दी नीत चा उजाड़ियां ने
वारस शाह हुण हुकम दी पई पुठी लख वैरियां ठग के मारियां ने

1. सूना। 2. द्वेष, ईर्ष्या। 3. तपस्या। 4. चुपचाप।

262

बाल नाथ दे साहमणे सद धीदो जोग देन नूं पास बहालया सू
रोड मोड होया सवाह मली मुंह ते सब कोड़मे दा नाम गालया सू
कन्न पाड़ के झाड़ के हिरस हसरत इक पलक विच मुन्न वखालया सू
जेहे पुतरां ते बाप मेहर करदे जापे दुध पिलाइके पालया सू
सवाह अंग रमा सिर मुन्न दाढ़ी पा मुंदरां चा नहवालया सू
खबरां कुल जहान विच खिंड गइयां रांझा जोगड़ा साज वखालया सू
वारस शाह मियां सुनयार वांगू जट फेर मुड़ भन के गालया सू

263

देवां सिखिया[1] रब्ब दी याद दसी गुरु जोग दे भेत नूं पाईए जी
नहा धो के चा भबूत मलीए अते किस वत अंग वटाईए जी
सिंगी फौड़ही खपरी हथ लै के पहले रब्ब दा नाम धयाईए जी
नगर अलख वजाइके जा वड़ीए पाप जान जे नाद बजाईए जी
सुखी दवार वसे जोगी भीख मांगे देई दुआ असीस सुनाईए जी
इस भांत दे नगर दी भीख लै के मसत लटकदे दुआर को आईए जी
वडी माउं ही जान के करो निसख छोटी भैन मिसाल बनाईए जी
वारस शाह यकीन दी गल चगी सभो हक दी हक ठहराईए जी

264

रांझे आखया मगर ना पौ मेरे कदी कैहर दी वाओ हटाईए जी
गुरु मत तेरी सानूं ना फबे गल घुट के चा लंघाईए जी
पहले चेलयां नूं चाए हीज[2] करीए पिछों जोग दी रीत बताईए जी
इक वार जो दसना दस छडो घड़ी मुड़ी ना गुरु अकाईए जी
करतूत जे एहो सी सभ तेरी मुंडे ठग के लीक ना लाईए जी
वारस शाह शागिरद ने चेलड़े नूं काई भली ही मत सिखाईए जी

1. दीक्षा। 2. मनाना।

265

कहे नाथ रंझेटया समझ भाई सिर चाहिए जोग भरेटड़ी[1] नूं
अलख नाद वजाए के करे निहचा मेल आवना टुकड़े रोटड़ी नूं
असीं मुख अलूद[2] ना झूठ होलां चार लयावना अपनी खोतड़ी नूं
वडी मां बराबरां जाणीए जी अते भैण बराबरां छोटड़ी नूं
जती सती नमाणया हो रहिये साबत रखना इस लंगोटड़ी नूं
वारस शाह मियां लै के छुरी कोई वढ दूर करीं इस बोटड़ी[3] नूं

266

साबत हुंदी लंगोटी जे सुनीं नाथा काहे झगड़ा चा उजाड़दा मैं
जीभ इशक थीं चुप जे रहे मेरी ऐडे पाड़ने कास नूं पाड़दा मैं
इस जिऊ नूं नढी ने मोह लया नित फकर दा नाम चितार दा मैं
जिऊ मार के रहन जे होवे मेरा ऐडे मामले कासनूं धारदा मैं
जे मैं मसत उजाड़ विच जा बैंहदा महीं सयाल दियां कासनूं चारदा मैं
सिर रोड करा क्यों कन्न पाटन जेकर किबर[4] हंकार नूं मारदा मैं
जे मैं जानदा कन्न तूं पाड़ देने इह मुंदरां मूल ना धारदा मैं
जे मैं जानदा इशक थीं मना करना तेरे टिले ते धार ना मारदा मैं
इके कन्न सवार दे फेर मेरे नहीं घतूंगु धौंस सरकार दा मैं
होर कम नहीं सी फिकर होवने दा इक वारस रखदा हां गम यार दा मैं

267

खाह रिज़क हलाल ते सच बोलीं छड देह तूं यारियां चोरियां ओए
तोबा कर तकसीर मुआफ तेरी जेहड़ियां पिछलियां सफान घोरियां ओए
ओह छड चाले गवार पुने वाले चुन्नी पाड़ के कीतियां मोरियां ओए
पिछा छड जटा कौतां सांभ लइयां जो सी पाड़ियां खड दियां बोरियां ओए
जो अराहकां[5] जोत रला लईए जेहड़ियां अरलियां[6] भंनियां तोड़ियां ओए

1. भार। 2. लबेड़ना, दूषित करना। 3. इंद्री। 4. घमंड। 5. हल जोतने वाला। 6. शरारतें।

धोये धोये के मालकां वर लइयां जेहड़ियां चाटियां कीतियां खोरियां ओए
रौले विच तैं रेढ़या कम चोरी कोई खरचियां नाहीं बोरियां ओए
छड सब बुरायाइयां पाक हो जा ना कर नाल जगत दे जोरियां ओए
तेरी आजज़ी इजज़[1] मंजूर कीता ताहियें मुंदरां कन्न विच सोरियां ओए
वारस शाह ना आदतां जांदियां ने भावे कटिए पोरियां पोरियां ओए

268

नाथा जिऊंदयां मरन है खरा औखा साथों ऐडे ना वायदे होवने ने
असी जट नाड़ीयां[2] करन वाले असां कचकड़े नांह परोवने ने
अखीं कन्न पड़ाय के खवार होए सारी उमर दे दुख दखोवने ने
साथों खपरी[3] नाद[4] ना जाए सांभे असां अंत नूं ढगड़े जोवने ने
रन्नां नालों जो वरजदे चेलयां नूं एह गुरु ना बन्न के दोवने ने
रन्नां देन गाली असीं चुप करीए एडे सबर दे पैर किस धोवने ने
हस खेडना तुसां चा मने कीता असां धुप दे गोहे ना ढोवने ने
वारस शाह कहे अंत आखरत नूं कटे जोवने ने मटे घोवने ने

269

छड चोरियां यारियां दगा जआ बहुत औखियां एह फकीरियां ने
जोग जालना सार दा तकला ए एस जोग विच बहुत जहीरियां ने
जोगी नाल नसीहतां हो जांदे जिवें ऊठ दे नक नकीरियां ने
तूंबा खपरी सिमरना नाद सिंगी चिमटा भन्ग नलय्रेर[5] जंजीरियां ने
छड त्रीमतां झाक हो जोगी फकर नाल जहान की सीरियां ने
वारस शाह एह जट फकीर होया नहीं हांदियां गधे तों पीरियां ने

270

सानूं जोग दी रीझ तकोदनी सी जदों हीर सयाल महबूब कीते
छड देख शरीक कबीलड़े नूं असां शरम दे तर महिंजूब[6] कीते
रल हीर दे नाल सी उमर गाली असां मजे जवानी दे खूब कीते
हीर छातियां नाल मैं मस भिना असां दोहां ने नशे मरगूब[7] कीते
होया रिज़क उदास तां गल हिली मापयां वयाह दे चा असलूब[8] कीते

1. नम्रता। 2. रस्से। 3. खोपड़ी। 4. शंख। 5. हुक्का।
6. हया। 7. पसंद। 8. तरीका।

दिनां कंड[1] दिती भावी बुरी सायत[2] नाल खेड़यां दे मनसूब कीते
पया वखत जां जोग विच आन फाथे एह वायदे आन मतलूब[3] कीते
एह इशक ना टले पैगंबरां तों थोथे इशक ने हड अयूब[4] कीते
इशक वासते शाह सकंदरे ने फते शहर शमाल जनूब[5] कीते
एस जुलफ जंजीर महबूब दी ने वारस शाह जेहे मजूब[6] कीते

271

नाथ मीट अखीं दरगाह अंदर नाले अरज करदा नाले संगदा ए
दरगाह लोबाली[7] है हक वाली ओथे आदमी बोल ना हगदा ए
आसमान जमीन दा वामसी तूं तेरा वडा पसारड़ा रग दा ए
रांझा जट फकीर हो आन बैठा रख तकवा नाम ते लंग दा ए
सभ छड बुरयाइयां बन्न तकवा लाह आसरा साक ते अंग दा ए
ऐसा इशक ने मार हैरान कीता सड़ गया सू अंग पतंग दा ए

272

नाथ खोलह अखीं कहया रांझणे नूं बचा जाह तेरा कम होया ई
फल आन लगा उस बूटड़े नूं जेहड़ा विच दरगाह दे बोया ई
हीर बखश दिती सचे रब्ब तैनूं मोती लाल दे नाल परोया ई
चढ़ दौड़के जित लै खेड़यां नूं बचा सौण[8] तैनूं भला होया ई
कमर कस उदासीयां बन्ह लइआं जोगी तुरत तयार ही होया ई
खुशी हो के करो विदा मैंनूं हथ बन्ह के आन खलोया ई
वारस शाह जां नाथ ने हुकम कीता टिलयों उतरदा पतरा होया ई

273

जोगी नाथ तों खुशी लै विदा होया छुटा ब्राजज्यों तेज तरारयां नूं
इक पलक विच कम हो गया उसदा लगी अग फेर चेलयां सारयां नूं
मुड़के रांझणे इक जवाब दिता उन्हां चेलयां हैंस्यारयां[9] नूं
भले कर्म होवण ताहीएं जोग पाईढ मिले जोग न करमां दयां मारयां नूं
असीं जट अनजान थीं फस गए करम कीतो सू असां नकारयां नूं
वारस शाह अल्ला जदों करम[10] करदा हुकम हुंदा ए नेक सतारयां नूं

1. पीठ। 2. घड़ी, टाइम। 3. इच्छा। 4. एक पैगंबर। 5. उत्तर-दक्षिण।
6. मस्त, पागल। 7. लापरवाह। 8. सगून। 9. लोग। 10. रहमत।

274

तूं तां जोग लया नाल साहिबी दे खुशी नाल गुमान दे आ लीतो
भले मिलदयां टिले ते आन चढ़यो जोग गल दे नाल तूं पा लीतो
कोई पाए भुलावड़ा ठगयो ई सिर गुरु दे जादडू पा लीतो
वारस शाह तों जोग दा लया झाड़ा हिक अगे तूं जोग नूं ला लीतो

275

जदों करम अलाह दा करे मदद बेड़ा पार हो जाए निमानयों दा
लैणा करज़ नाहीं बूहे जा वहीए केहा तान है असां नितानयां दा
मेरे करम सवलड़े आन जागे खेत जंमया भुंनयां दानयां दा
वारस शाह मियां वडा वैद रांझा सरदार है सभ सिआनयां दा

276

जेहड़े पिंड विच आवे तां लोक पुछण एहतां जोगड़ा बालड़ा छोटड़ा ई
कन्नीं मुंदरां एस नूं ना फबन एहदे तेड़ ना बन्ने लंगोटड़ा ई
सत जन्म के हमी हां नाथ पूरे कदे वाहया नहीओं जोतड़ा ई
दुख भंजन नाथ है नाम मेरा मैं तां घनंतर वैद दा पोतरा ई
जे कोई असां दे नाल दम मारदा ए एस जग तों जायगा औतरा ई
हीरा नाथ है वढा गुरदेव साडा चले उसदा पूजने चौतरा ई
वारस शाह जो आज्ञा लै साढी दुध पुतरां दे नाल सौतरा ई

277

धाया टिलयों राह लै खेड़यां दा चलया मींह जिउं आंवदा उठ उते
काबा रख मथे रब्ब याद करके चढ़या खेड़यां दी सजी गुठ उते
नशे नाल झुलारदा मसत जोगी जिवें सुंदरी झूलदी उठ उते
चिमटा खपरी फांवड़ी डंडा कूंडा भग पोसत चा बधी सू पिठ उते
एवें सरकद आंवदा खेड़यां नूं जिवें फौज चढ़ आंवदी लुट उते
वैराग सन्यास जिउं लड़न चले रख हथ तलवार दी मुठ उते
वारस आन वढ़या जूह खेड़यां दी साई होया रंझेटे दी पिठ उते

278

जदों रंग पुर दी जूह जा वड़या भेडां चारे अयाल[1] विच बार दे जी
नेड़े आनके जोगी नूं वेखदा ए जिवें नैन वेखन नैन यार दे जी
झस[2] चोर ते चुगल दी जीभ वांगूं गुझे रहन ना दीदड़े यार दे जी
चोर यार ते ठग ना रहन गुझे किथों छुपन एह आदमी कार दे जी
तुसीं केहड़े देस तों आए रमते सुखन दस खं खोल नरवार दे जी
हमीं लंक-बासी चेले अगस्त मुनि दे हमीं पंछी समुंदरों पार दे जी
वारस शाह मियां चारे चक भौंदे हमीं कुदरतां नूं दीद[3] मारदे जी

279

तूं तां चाक सयालां दा नाम धीदो छड खरच पो[4] गल हंकार दे जी
महीं चूचके दीयां जदों चारदा सैं जटी मानदा सैं विच बार दे जी
तेरा मेहना हीर सयाल ताईं खबर आम सी विच संसार दे जी
नस जाह एथों मार सुटनिगे खेड़े सच ते झूठ नितारदे जी
देस खेड़यां दे जरा खबर होवे जान तखत हजारे नूं मारदे जी
भज जाह खड़े मतां लाध करनी प्यादे बन्न लै जान सरकार दे जी
मार चूर कर खटनी हड गोडे मलक गोर[5] अजाब[6] कहार दे जी
वारस शाह जयों गोर विच हड कड़कन गुरजा नाल आसी गुनहगार दे जी

280

अजड़[7] चारना कम पैगम्बरां दा केहा अमल शैतान दा रोलयो ई
भेडां चारके तोहमतां जोड़ना ए क्यों गजब फकीर ते खोलयो ई
वाही छड के खोलियां चारियां नी होयों जोगीड़ा जीऊना ठोलयो ई
सच मन के पिछांह मुड़ जा जटा केहा कूड़ दा फोलना फोलयो ई
वारस शाह एह उमर नित कर जाया[8] शकर विच प्याज क्यों घोलयो ई

1. आजड़ी। 2. बुरी आदत। 3. दर्शन। 4. चालाकी। 5. कब्र। 6. दुख। 7. झुंड। 8. बरबाद।

281

अवे सुनी चाका सुआह ला मुंह ते जोगी होयके नजर भवा बैठों
हीर सयाल दा यार मशहूर रांझा मौजां मन्न के कन्न पड़ा बैठों
खेड़े यार लै गए मुंह मार तेरे सारी उमर दी लीक लवा बैठों
तेरे बैठयां वयाह लै गए खेड़े दाड़ी परे दे विच मुणा बैठों
जदों डिठया चाआ ना कोई लगे ए बूहे नाथ दे अंत नूं जा बैठों
मंग छडीए नहीं जे जान होवे बली वधरा छड हया बैठों
अमल ना कीतो ई गाफला ओए ऐवें कीमियां उमर गवा बैठों
वारस शाह तरयाक[1] दा थां नाहीं हथीं अपनी जहर तूं खा बैठों

282

सत जनम दे हमी फकीर जोगी नहीं नाल जहान दे सीर मियां
असां खेलियां खपरां नाल वरतन भीख पाय के पाईए वहीर मियां
भला चाहें ना चाक बना सानूं असीं फकर हां जाहरा पीर मियां
नाम मेहरियां दे सानूं डरन आवे रांझा कौन ते केहड़ा हीर मियां
जटा चाक बनाए तूं जोगियां नूं एहो जा आवे सिटूं चीर मियां
जती सती हां हथ दे जोग पूरे सत पीड़ीए जनम फकीर मियां
थर थर कम्बे गुस्से नाल जोगी अखीं रोह पलटया नीर मियां
तुसीं पार समुंदरों रहन वाले भुल गया चेला बखश पीर मियां
वारस शाह दी अरज जनाब अंदर हुण हो नाहीं दिलगीर मियां

283

भते बेलयां विच लै जाए जटी पींघां पींघदी नाल पयारियां दे
एह परेम पयालड़ा छकयो ई नयन मसत सन नाल खुमारियां दे
वाहे वंझली ते फिरे मगर लगा सांझ घिन्न के नाल कवारियां दे
जदों वयाह होया तदों वेहड़ बैठी डोली चढ़या नाल खवारियां दे
धारां खांगड़ा दियां झोकां हथोयां दियां मजे यारियां घोल कवारियां दे
मेसां नारां दियां लाड नडियां दे पुछो हाल न इशक विच मारियां दे
जटी वयाह दिती रिहा नढड़ा तूं सुन्ने सखने टोक पटारियां दे

1. साँप के ज़हर को दूर करने की दवा।

गुंडन वालियां ईमान शराबियां दे अंत फिरदा ए वांग वगारियां दे
गुंडी रन्न बुढी होई बने हाजन फिरे मोरछड़ गिरद मजारियां दे
बुढा हो के चोर मसीत वड़या रल फिरदा ई नाल मदारियां दे
परां जाह जटा मार छडनीगे नहीं छिपदे यार कुआरियां दे
कारीगरी मौकूफ[1] कर मियां चाका तैंथे वल है पावने झारियां दे

284

तुसीं अकल दे कोट अयाल हुंदे लुकमान हकीम दसतूर है जी
बाज भोर बगला अते लौंग कालू शाही शीहनी[2] नाल कसतूर है जी
लोहा पशम पिसत डबा मौत सूरत सबजा होर शाबान मनजूर है जी
पंजे बाज जेहे रक वांग नीचे पौंचा वजया मगर सभ दूर है जी
चक सीह वांगू गज नींह वांगू मैंनू दंद मारन हड चूर है जी
किसे पास ना खोलना भेत भाई जो आखयो कुझ सब मनजूर है जी
आ पया परदेस विच कम मेरा हीर लई इको सिर दूर है जी
वारस शाह हुण बनी है बहुत औखी अगे सुझया कहर कलूर है जी

285

भेत दसना मरद दा कम्म नाहीं मरद सोई जो वेख दम घुट जाए
गल जीऊ दे विच जो रहे खुफिया काउं वांग पैखाल[3] ना सुट जाए
भेत दसना किसे दा भला नाहीं भावें पुछ के लोक नखुट जाए
वारस शाह ना भेत संदूक खुले भावें जान दा जंदरा टुट जाए

286

मार आशकां दी लज लाह सुटी यारी लाके घिंन लै जावनी सी
अंत खेड़यां वयाह लै जावनी सी यारी उसदे नाल ना लावनी सी
ऐडी धुम कियों मूरखा! पावणी सी एह सूरत न गधे चड़ावनी सी
वारस शाह जे मंग ले गए खेड़े दाढ़ी परे दे विच क्यों मुणावनी सी

287

मरद बाझ मीहरी पानी बाझ धरती आशक डिठड़े बाझ ना रजदे ने
लख सिरी अवल आवन यार यारां तों मूल ना भजदे ने
भीड़ां पैंदियां मरद बंडा लैदे परदे आशकां दे मरद कजदे ने
दा चोर ते यार दा इक सांयत नहीं वसदे मींह जो गजदे ने

1. छडदे। 2. कुत्तों के नाम। 3. बीच में।

288

रांझे अगे अयाल ने कसम खाधी नगर खेड़यां दे जा धसया ए
यारो कौन सरदार गरां केहड़ा अते लोक कदोकना[1] वसया ए
अगे पिंड दे खूह ते भरन पानी कुड़ियां घतिया हस खड़खसिया[2] ए
यार हीर दा भावें तां एह जोगी किसे भाग भरी चा दसया ए
पानी पी नढा छावें घाट बूटी सुन पिंड दा नाम खिड़ हसया ए
एहदा नाम है रंगपुर खेड़यां दा किसे लभया ते नहीं दसया ए
अरी कौन सरदार है भाज खानी सखी शूम[3] केहा नाम जसया ए
अजू नाम सरदार है पुत सैदा जिसने हक रंझेटे दा खसया ए
सिंगी खपरी बन्ह तयार होया लंग[4] चा फकीर ने कसया ए
कदी लए हुलां[5] कदी झूलदा ए कदी रो पया कदी हसया ए
वारस शाह कसान जिउं होण राजा मींह औड़[6] दे दिनां विच वसया ए

289

ओथे झल मसतानियां करे गलां सुखत सुनो कन पाटयां भारयां दे
करां कौन तारीफ मैं खेड़यां दी झुंड फिरन चौतरफ कवारियां दे
मार आशकां नूं चा करन बेरे नैन तिखड़े नोंक कटारियां दे
देन आशकां नूं तोड़े नाल नैना नैन रहन नाहीं बुरयारियां दे
एस जौवने दीयां वनजारियां नूं मिले आन सुदागर यारियां दे
सुरमा खुल दंदासड़ा सुरख मेंहदी लुट लए नी हट पसारियां दे
नयनां लाल कलेजड़ा झिक कढन दिसन भोलड़े मुख विचारियां दे
जोगी वेखके आन चौगिरद होइयां छुटे फिरन विच नाग पटारियां दे
ओथे खोल के अखियां हस पैंदा जित्थे वेखदा मेल कवारियां दे
आन गिरद होइयां बैठा विच जोगी बादशाह जयों विच अमारियां दे
वारस शाह ना रहन नचलड़े ओ जिन्हां नरां नूं शौक ने नारियां दे

1. कभी का। 2. हँसना। 3. कंजूस। 4. कमर में बाँधा हुआ कपड़ा।
5. शोर। 6. सूखा।

290

माही मुंडयो घरी जा कहना जोगी मसत कमला इक आ वड़या
कन्नी ओस दे सेहलियां[1] मुंदरां ने दाहड़ी पटे सिर भवां मुणा वड़या
किसे नाल कुदरत छल जगलां थीं किसे भुल भुलावड़े आ वड़या
जहां नाऊं मेरा कोई जाए लैंदा रब्ब महांदेव तों दौलतां लया वड़या
वारस कम सोई जेहड़े रब्ब करसी मैं तां उसदा भेजया आ वड़या

291

कुड़ीयां वेखके जोगी दी तबाअ[2] सारी घरी हसदियां हसदियां आइयां ने
माए इक जोगी साडे नगर आया कन्नी उस ने मुंदरां पाइयां ने
नहीं बोलदा बुरा जबान विचों भावें भिछया नहीयों पाइयां ने
हथ खपरी फाहुड़ी मोढयां ते मेहर गानियां गले पहनाइयां ने
अरड़ाउंदा वांग जलालियां[3] दे जटां वांग मदारियां छाइयां ने
ना ओह मुंडीया गोदड़ी नाथ जंगम ना उदासियां विच ठहराइयां ने
परेम मतियां अखियां रग भरियां सदा गूहड़ियां लाल सुहाइयां ने
खूनी बांकियां नशे दे नाल भरियां नैनां खीवियां[4] सान चढ़ाइयां ने
कदे संगली सुट के शगन वाचे कदे सवाह ते औंसियां पाइयां ने
कदे किंग बजा के खड़ा रोवे कदे हसदे नाद घुकाइयां ने
अठे पहर अलाह नूं याद करदा खैर ओसनूं पांदियां माइयां ने
नशे बाझ भवां उहदियां मतियां[5] ते मिरगाणीयां[6] गले बणाइयां ने
जटां सोंहदियां छैल उस नढड़े नूं जिवें चंद गिरदे घटां आइयां ने
ना कोई मारदा ना किसे नाल लड़या नैनां उसदयां छहबरां[7] लाइयां ने
कोई गुरु पूरा उसनूं आन मिलया कन्न पाड़ के मुंदरां पाइयां ने
वारस शाह चेला बाल नाथ दा ए झोका[8] प्रेम दियां किसे ने लाइयां ने

292

घर आ ननाण ने गल कीती भाबी इक जोगी नवां आया नी
कन्नी ओसदे दरशनी मुंदरां ने गल मेखला[9] अजब सुहाया नी
फिरे ढूंढ़दा विच वेलीयां दे कोई ओसने लाल गवाया नी
नाले गांवदा ते नाले रोंवदा ए वडा ओसने रंग मचाया नी

1. रस्सी। 2. तबीअत। 3. सूफी फिरका। 4. नशीली। 5. मस्त।
6. मृग की खाल। 7. झड़ी। 8. भट्ठी का बालण। 9. गले का गहना।

हीरे किसे रजवंस[1] दा ओह पुतर रूप तुध थीं दून सवाया नी
विच त्रिंजणां गाउंदा फिरे भौंदा अंत उसदा किसे ना पाया नी
फिरे वेखदा वौहटियां छैल[2] कुड़ियां मन किसे ते नांह भरमाया नी
काई आखदी प्रेम दी चाट लगी ताहिओं उसने सीस मुनाया नी
कहन तखत हजारे दा एह जोगी बाल नाथ तों जोग लिआया नी
वारस शाह एह फकर तां नहीं जोगी हीर वासते कन पढ़ाया नी

293

मुठी मुठी ए गल ना करो अड़ीयो मैं तां सुनदयां ही मर गई जे नी
तुसां इक जदाकनी गल टोरी खली[3] तली ही मैं रूढ़ गई जे नी
गये टुट सतरान[4] ते अकल डुबी मेरे धूह कलेजड़े पई जे नी
कीकूं कन्न पड़ाय के जींवदा ए गलां सुनदयां ई जिंद गई जे नी
उहदा दुखड़ा रोवना जदों सुनयां मुठी मीट[5] के मैं बह गई जे नी
मसू भिन्नड़ा[6] नाम जो लैंदियां ने जिंद सुनदयां ई निकल गई जे नी
किवें वेखीए ओस मसतानड़े नूं जैदा धुम त्रिंजणा पई जे नी
वेखां केहड़े देश दा एह जोगी उस तों कौन पयारी रूस गई जे नी
अक पोसत धतूरा ते भंग पी के मौत ओस ने क्यों मुल लई जे नी
जिसदा मां न बाप न भैण भाई कोई कौन करेगा ओसदी सही जे नी

294

रब्ब झूठ ना करे जे होये रांझा तां मैं चौड़ होई मैनूं पटया सू
होया चाक पिंडे मली खाक रांझे लाह नंग नामूस नूं सुटया सू
बुकल विच चोरी चोरी हीर रोवे घड़ा नीर दा चा उलटया सू
वारस शाह इस इशक दे वनज विचों जफर जाल की खटया वटया सू

295

गली जायके किवें लिआओ उसनूं रल पुछीए केहड़े थाउं दा नी
खेह लायके देस विच फिरे भौंदा अते भिच्छया मंगके खांवदा नी
वेखां केहड़े देस दा चौधरी ए अते जात दा कौन सदांवदा सी
वेखां खबरे रोहीओं माझयों बेट वलों रावी बयास दा अते झनांव दा नी
फिरे त्रिंजणां विच खुआर हुंदा विच वेहड़यां फेरियां पांवदा नी
वारस शाह मुड़ टोह एह कासदा नी कोई एस दा भेत ना पांवदा नी

1. राजाओं का वंश। 2. सुंदर। 3. खड़ी। 4. ताकत।
5. निराश होकर। 6. चढ़ती जवानी।

296

लैन जोगी नूं आइयां धुन्बला[1] हो चलो गल बना सवारीए नी
सभे बोलियां जो नमसकार जोगी क्यों नी साई सवारीये पयारीए नी
वडी मेहर होई एस देस उते वेहड़े हीर दे नूं चलो तारीए नी
मंग नगर अतीत है अजे खाना बातां शोक दीयां चा वसारीए नी
मेले कुम्भ दे हमां अतीत चले नगर जायके भीख चतारीए नी
वारस शाह तुसीं घरों खा आइयां नाल चावड़ा[2] लौ घुमकारीए नी

297

रसम जग दी करो अतीत साईं साडियां सूरतां वल धयान कीजो
अजू मेहर दे वेहड़े नूं करो फेरा सहती सोहणी ते नजर आन कीजो
वेहड़ा महर दा चलो विखा लयाईये जरा हीर दी तरफ धयान कीजो
वारस वेखीए घरां सरदारी ढयां नूं अजे साहिबो नहीं गुमान कीजो

298

हमी वडे फकीर सत पीढ़ीए हां रसम जग दा हमी जानने हां
कंद मूल उजाड़ विच खायके ते बनवास लै के मौज मानने हां
नगर विच ना आतमा परचदा ए उदयान[3] बह के तम्बू तानने हां
वारस तीरथ जोग बैराग होवे रूप तिनां दा हमीं पछानने हां

299

सईयो देखो नी मसत अलमसत जोगी जैदा रब्ब दी वल धयान है नी
इना भौरां नूं आसरा रब्ब दा ए घर बार ना तान ना मान है नी
सोने बन्नड़ी देही नूं खाक करके रूलन खाक विच फकर दी बान है नी
सोहणा फुल गुलाब माशूक नढा राज पुतर ते सुघड़ सुजान है नी
जिन्हां भंग पीती सुआह ला बैठे जिनां माहनूआं[4] नूं केही कान है नी
जिवें असीं मुटयारियां हां रंग भरीयां तिवें एह भी साडड़ा हान है नी
आओ पुछीए केहड़े देस दा वारस एस दा कौन मकान है नी

1. टोली। 2. छेड़खानी। 3. बाग या जंगल। 4. मुहताजगी।

300

सुनी जोगीआ गभरूआ छैल बांके नैनां खीवियां मसत दिवानियां वे
कन्नीं मुंदरां सुंदरां सेलियां नी दाहड़ी पट सिर भवां मुनानियां वे
विचों नयन हसन होठ भेत दसन अखीं मीचदा नाल बहानियां वे
किस मुंनयों कन्न किस पाड़योनी तेरा वतन है कौन दीवानियां वे
कौन जात ते कासनूं जोग लया सच सच ही दस मसतानियां वे
एस उमर की पायदे पए तैनूं क्यों भौणा ए देस बेगानियां वे
किसे रन्न भाबी बोली मारीया हो हिक साडीया सू नाल ताहनियां वे
विच त्रिंजणां पवे विचार तेरी होवे जिकर तेरा चकी हानियां वे
बीबा दस शिताब[1] है जी जांदा असीं धुप दे नाल मर जानियां वे
करन मिनतां मुठियां भरन बहके हुण पुछ के असीं टुर जानियां वे
वारस शाह गुमान न करीं मियां ऐवें हीर दया माल खजानियां वे

301

रांझे आखया खयाल ना पवो मेरे सींह सप फकीर दा देस केहा
कूंजां वांग ममोलयां देस छडे असां जात सफात ते भेस केहा
वतन दमां दे नाल ते जात जोगी साडा साक कबीलड़ा खेस[2] केहा
जेहड़ा वतन ते जात वल धयान रखे दुनियां दार है उह दरवेश केहा
दुनियां नाल पैंवदा है असां केहा पत्थर जोड़ना नाल सरेश केहा
जिनां खाक दर खाक फनाह[3] होना वारस शाह फिर तिनां नूं ऐश केहा

302

सानूं नांह अकाउंदी भात खानी खड क्रोध दा हमी ना हूतने हां
जे आपने दा ते आ जाईए खुली झंड सिर ते असीं मूतने हां
घर मेहरां दे कासनूं असां जाना सिर महरीयां दे असीं भूतने हां
वारस शाह मियां भठ बाल भांबड़ उलटे रात नूं होयके झूटने हां

303

असां अर्ज कीती तैनूं गुरु करके बाल नाथ दियां तुसी निशानियां हो
तैनूं छडया किवे है जालमा ने कशमीर दियां तुसी खरमानियां हो
साडी आजजी तुसी ना मनदे हो गुसे नाल पसारदे आनियां हो
वारस आखया महर दे चलो वेहड़े तुसी नहीं करदे मेहरबानियां हो

1. जल्दी से। 2. आपणा। 3. नष्ट।

304

हमी भिखया वासते त्यार होए तुसीं आनके रिकतां छेड़दियां हो
असां लाह पंजालियां जोग छडी तुसी फेर मुड़ जोग नूं गेड़दियां हो
असीं छड झेड़े जोगी जो बैठे तुसीं फेर अलूद लबेड़ियां[1] हो
पिछों आखसो मूतने आन लगे अन्ने खूह विच सग क्यों रोड़दियां हो
वारसा भिखया वासते चले हां री तुसी आन के काह खहेड़दियां हो

305

रांझा खपरी पकड़ गदा[2] चढ़या सिंगी दुआर ही दुआर वजांवदा ए
कोई दे सीधा कोई दे टुकड़ कोई थाल परोस लिआंवदा ए
कोई आखदी जोगीड़ा नवां आया कोई रोह दियां भवां चढ़ांवदा ए
कोई दे गाली धाड़े मार फिरदा कोई बोलदी जो मन भांवदा ए
कोई जोड़के हथ ते करे मिंनतां सानूं आसरा फकर दे नांवदा ए
कोई आखदी मसतया चाक फिरदा नाल मस्तियां पाटदा जांवदा ए
काई आखदी मसत दीवानड़ा ए चोरां चोबरां वांग दिस आंवदा ए
लड़े भिड़े ते गाली दे लोकां ठठे मारदा लोड़ कमांवदा ए
आटा कनक दा ते घिउ लए बहुता दाना टुकड़ा गोद[3] न लांवदा ए
वारस शाह रंझेटड़ा चंद चढ़या घरो घरी मुबारकां लयांवदा ए

306

आ वड़े हां उजड़े पिंड अंदर काई कुड़ी ना त्रिंजणी गांवदी ए
नाह किलकली पांवदी ना सम्मी[4] पबी मार नी धरत कंबांवदी ए
नहीं झहेटड़ी दा गीत गांदियां ने ते गिधड़ा कोई ना पांवदी ए
वारस शाह छड जाईए एह नगरी ऐसी तबह[5] फकीर दी आंवदी ए

307

चल जोगीया असीं विखा लयाईए जिथे त्रिंजणी छोहरियां गांदियां ने
लै के जोगी नूं आन विखाइयो ने इके वहुटियां छोप[6] पांदियां ने
इक नचदियां मसत मलंग बनके इक सांग झुहेटी दा लांदियां ने
रंग दी हेम महीन करके वारस शाह नूं गीत सुनांदियां ने

1. गंदगी में लिथेड़ना। 2. भिखारी। 3. झोली। 4. एक नाच का नाम।
5. तबीयत। 6. लड़कियों के मिलकर कातने को छोप कहते हैं।

308*

जिथे त्रिंजणां दे घुमकार पैंदे कतन बैठ के लख महरेटियां ने
खतरेटियां अते बमनेटियां ने तरसेटियां अते जटेटियां ने
लोहारियां लौंग सुपारियां ने सुंदर खेजना ते रंग रेटियां ने
अरोड़ियां मुशक विच बोड़ियां ने फुलयरियां छेल सुखरेटियां ने
मुनयारियां ते पखीवारियां ने सुंदर तेलनां नाल मछेटियां ने
पठानियां चादरां तानियां ने पशतो मारदियां नाल मुगलेटियां ने
बंजारियां नाल चमयारियां ने राजपूतना नाल भटेटियां ने
दरज़ानियां सुघड़ सयानियां ने बरवालियां नाल मचेटियां ने
रावलानियां बेटियां बानियां दियां जटां वालियां नाल ढटेटियां ने
चगड़ानियां नायनां मीरजादां नाल सोंहदियां होर डुमेटियां ने
गडीलना छैल छबीलना ने ते कलालनां भाबड़े बेटियां ने
बाजीगरनियां नटनियां कगराना वोरा राधना राम जटेटियां ने
नेचे बन्नणा डूमना धाईं कुटी आतशबाजनां नाल भलवाणेटिआं ने
खटाकनां ते नेचे बंदना ने चूड़ेगरनियां ते कमगरेटियां ने
बहुरूपना राजना जिलदामां बरवालियां नाल नमेटियां ने
पूरबानियां हबशनां रंगरेजां ते बैरागना नाल ठठरेटियां ने
लबानियां मोचना कंगहाना राज बेटियां अते वटेटियां ने
कागज कुट दबगरनियां वरद बैगन हाथीवाननां नाल वलोचेटियां ने
बांकियां गुजरियां डोगरना छैल बनियां राजपूतना राजे दियां बेटियां ने
पकड़ अचला जोगी नूं ला गली वेहड़े वाड़ के घर लै बैठियां ने
वारस शाह जीजा विच हो बैठा दवाले बैठियां सालियां जेठियां ने

309

कोई आयके रांझे दे नयन वेखे कोई मुखड़ा वेख सलाहुंदी ए
अड़ियो वेखो ते शान इस जोगड़े दी राह जांदड़े मिरग फहाउंदी ए
छोटी उमर दी दोसती नाल जिसदे दिन चार ना तोड़ निबाहुंदी ए
कोई ओढ़नी[1] लाह के मगर पहुंचे धो धा भबूत जा लाहुंदी ए

*इस पद्य में अलग-अलग जातियों की औरतों के बारे में वारिस शाह बताता है। 1. चादर।

कोई मुख रंझेटे नाल जोड़े तेरी तबह[1] की जोगिया चाहुंदी ए
सहती लाड दे नाल चवा[2] करके चा सेलियां जोगी दियां लाहुंदा ए
रांझे पुछया कौन है एह नढी धी अजू दी काई चा आहुंदी ए
अजू वजू छजू फजू अते गजू हुंदा कौन है तां अगों आहुंदी ए
वारस शाह ननाण एह हीर दी ए धी खेड़यां दी बादशाहुंदी ए

310

अजू धी रखी धाड़े मार लपर मुशटंडड़ी त्रिंजणी घुमदी ए
करे आन बेअदबी जोगियां[3] दी अते मिलदियां महीं नूं चुमदी ए
लाह सेलियां मारदी जोगियां नूं सुते वलवले दिलां दे टुमदी ए
फिरे नचदी शोख बुरहान घोड़ी नांह कतदी नांह तुमदी ए
सरदार है लूहकां लाहकां दी पीहन डोहलदी ते तौन लुमदी ए
वारस शाह दिल आंवदा चीर सुटां बुनयाद एह जुलम दी खुबदी ए

311

लागे हथ जे पकड़ पछाड़ सटों तेरे नाल करसां तां तूं जानसै वे
हिक हिक करसां भन्न लिंग तेरे तदों राब नूं खूब पछानसै वे
वेहड़े वड़े तां भन्नांगी टिंड तेरी तदों शुकर बजा लयानसै वे
गदे[3] वांग जा जूड़ के घड़ां तैनूं तदों छट तदबीर दी छानसै वे
सहती उठ के घरां नूं घूक चली मंगन आवसें तां मैंनूं जानसै वे
वारस शाह वांगू तेरी करां खिदमत मौज सजनां दी तदां मानसै वे

312

क्यों फकर दे नाल रिहाड़ पईए भला बखश सानूं मापे जीनीए नी
सप शीहनी वांग बुलैहनीए नी मास खानीए ते रत पीनीए नी
दुखी जिऊ दुखा ना भाग भरीए होईए चिड़ी ते कूंज लखीनीए नी
साथों निशा ना होसोया मूल तेरी सके खसम तों ना पतीनीए नी
चरखा चाय के नटनी मरद मारे किसे यार ना पकड़ मलीनीए नी
वारस शाह फकीर दे वैर पईए जरम ततीए करमां दीए हीनीए नी

1. तबीयत। 2. बोल के। 3. भिखारी।

313

वेहड़े जटां दे मंगदा चा वड़या अगे जट बैठा गां मेलदा ए
सिंगी फूक के नाद घुकाया सू जोगी गज के जा विच ठेलदा ए
वेहड़े विच अवधूत जा गजया ए मसत साहन वांगूं डंड पेलदा ए
हू हू करके संघ टडयो सू फीलबान[1] जयों हसती नूं पेलदा ए

314

नयाना तोड़ के ढांडड़ी[2] उठ नठी भन दोहनी दुध सब डोहलया ए
घत खैर इस कटक दे मोहरी नूं जट उठके रोह विच बोलया ए
किस लुचड़े देस दा जोगिया तूं ऐथे डंड[3] की आन के बोलया ए
सूरत जोगियां दी अखी गुंडयां दी टाप कनकदी ते जिउ डोलया ए
जोगी अखियां कढके घत तिऊड़ी लै के खपरी हथ विच तोलया ए
वारस शाह हुण जोग तहकीक[4] होया जीउ शागनी दा अगों बोलया ए

315

जटी बोलके दुध दी कसर कढी सब अड़तने पड़तने पाड़ सुटे
पुने दादे पड़दादे जोगीड़े दे सभे टगने ते साक चाढ़ सुटे
जोगी रोह दे नाल खढ़ लत घती धरौल मारके दंद सब झाड़ सुटे
जटी जिमी ते पटड़े वांग ढठी जिवें वाहरू फड़के धाढ़ सुटे
वारस शाह मियां जिवें मार तेसा फरहाद ने चीर पहाड़ सुटे

316

जट वेख के जटी नूं कांग कीती वेखो मरी नूं रिछ पथलया जे
मेरी सैआं दी मेहर नूं मार जिंदे तिलक मेहर दी सथ नूं चलया जे
लोकां बाहुड़ी ते फरयाद कूके मेरा झुगड़ा चौड़ कर चलया जे
पिंड विच एह आन बला वड़ी जहां जिन पकवाड़ विच मलया जे
पकड़ लाठियां गभरू आन ढुके वांग काढवे कटक दे टलया जे
वारस शाह जिवें धूंआं सरकया तों बदल पाटके घटा हो चलया जे

1. महावत। 2. गाय। 3. शोर। 4. सच में।

317

आय आय मुहानयां जदों कीती चहुं कन्नी जां पलम के आ गए
सचो सच जां फाट नूं तयार होए जोगी होरी भी जिउ चुग गए
वेखो फकर अलाह दे मार जटी उस जटी नूं वायद पा गए
जदों मार चौतरफ तयार होई ओदों आपना आप खिसका गए
इक फाट कढी सभे समझ गइयां रन्नां पिंड दियां नूं राह पा गए
जदों खसम मिले पिछे वाहरां दे तदों धाड़वी घोड़े दुड़ा गए
हथ ला के बरकती जुआन पूरे करामात ही जाहरा विखा गए
वारस शाह मियां पटे बाज छुटे जान रख के चोट चला गए

318

जोगी मंग के पिंड तयार होया आटा मेलके खपरा पूरया ए
किसे हस के रूग चा पाया ए किसे जोगी नूं चा वडूरया ए
वारस खेड़यां दी झात पाईया सू जिवें चौधवी दा चंद पूरया ए

319

जोगी हीर दे सौहरे जा वड़या भुखा जट जिउं फिर लालोरदा जी
आया खुशी दे नाल दहचद होके सूबेदार जिउं नवां लाहौर दा जी
धुस दे के वेहड़े विच आ वड़या कड कीता सू सन ते चोर दा जी
अनी खेड़यां दी पयारी वौहटीए नी हीरे सुख है चा टकोरदा जी
वारस शाह अगे हुण पई फाहवी शगन होया है जंग दे शोर दा जी

320

सच आख तूं रावला कहे सहती तेरा जिऊ केहड़ी गल लोड़दा ए
वेहड़े वड़दयां रिकतां छेड़ीयां ने कंडा विच कलेजे दे बोड़दा ए
बादशाहां दे बाग विच नाल चावड़ फिरे फुल गुलाब दा तोड़दा ए
वारस शाह नूं शुतर[1] मुहार बाझों डांग नाल कोई भुण मोड़दा ए

1. ऊंट।

321

आ कुवारिए ऐड अपराधने नी धका देह ना हिक दे जोर दा नी
बुंदे कुंदले नथ ते हस कड़ियां बैठी रूप बनायके मोर दा नी
आ नढीए रिकतां छेड़ नाही एह कम नाहीं धुंम शोर दा नी
वारस शाह फकीर गरीब उते वैर कढयो ई किसे खोर दा नी

322

कल जायके नाल चवा चावड़[1] सानूं भड भडार कढायो वे
अज आन वड़यों जिन वांग वेहड़े वैर फल दा आन जगायो वे
जदों आ वड़यो विच चूहड़यां दे किनां शामतां[2] आन फहायो वे
वारस शाह रजा दे कम वेखो अज रब्ब ने ठीक कुटायो वे

323

कच कवारिये लोहड़े दीये मारीए नी टूने हारीए आख की आहनी ए
भलयां ना बुरी काहे होवनी एं काई बुरी ही फाउनी फाहनी ए
असां भुखयां आन सवाल कीता केहियां गैब दियां ढुचरां डाहनी ए
विचों पकीए छैल उचकीए नी राह जांदड़े मिरग पई फाहनी ए
गल हो चुकी फेर छेड़नी ए होर शाख नूं मोड़ की वाहनी ए
घर जान सरदारां दे भीख मंगे साडा अरश[3] दा किंगरा ढाहनी ए
केहा नाल परदेसियां वैर चायो चैंचल हारिये आख की आहनी ए
राह जांदड़े फकर खहेड़नी एं ढगी वाहरिये साहनां नूं डाहनी ए
घर पईअड़े[4] धरोहियां फेरियां ने आ नीहरिए संग क्यों डाहुनी ए
जा शिकार दरया विच खेड मोईए केहियां मूत विच मछियां फाहुनी ए
वारस शाह फकीर नूं छेड़नी एं अखीं नाल क्यों खखरां लाहुनी ए

324

अनी सुणो भैणों कोई जट जोगी वडा जूठ भारा किसे गांव दा नी
झगड़ैल मरकनां घंड हूझर चरकटा जेहा किसे थांव दा नी
परदेसियां दी नही डौल दिसदी एह तां वाकफ है हीर दे नांवदा नी
गल आख के हथां ते पवे मुकर आप लांवदा आप बुझांवदा नी

1. छेड़खानी। 2. विपता। 3. आकाश। 4. पेके।

हुणे भन्न खपर तोड़े सेलियां नूं नाल जटां दी जूड़ खुहांवदा नी
जे मैं उठ के पान पत लाह सुटां कौन पैंच एह किस गरांव दा नी
अखे डूम मोची अखे ढंड कंजर अखे चूहड़ा किसे सराउंदा नी
वारस शाह मियां वाह ला रहियां एह तां झगड़यों बाज ना आंवदा नी

325

पकड़ ढाल तलवार क्यों गिरद होईए मथा मुनीए करम अभागीए नी
चैंचल हारीये डारिये जंग बाजे छिपर नकीए बुरे दिये लागीए नी
फसाद दी फौज दी पेशवा[1] हैं ते शैतान दे लक तड़ागीए नी
असीं जटियां नाल जे झेड़ करीए दुख जूह दे फकर क्यों झागीए नी
मथा डाह नाहीं आ छड पिछा भजे जांदे मगर ना लागीए नी
वारस शाह फकीर दे कदम फड़िये अते किबर हंकार नूं तयागीए नी

326

चकी हानयां विच विचार पैंदी एहदी धुम्म तंदूर ते भठ है नी
कमजात कुपतड़ा वड कंजर डबी पुरे दे नाल दी चठ है नी
भैणे कार खोटा ठग माझड़े दा जेहा रन्न घरोली दा हठ है नी
मंग खान हराम मुशटंडयां नूं वडा सार हसधात[2] दी लठ है नी
मुशटंडड़े तुरत पछाण लईए कम्म डाह देहो एह तां जट है नी
एह जट है झुगड़े पट है नी एह तां चौधरी चौड़ चुपट है नी
गदों लदया सने एह छट है नी भावें वेलने दी एह तां लठ है नी
वारस शाह ना एसदा रस मिठा एह तां काठे कमाद दा गठ है नी

327

वेहड़े वालियां दानियां आखदियां क्यों बोलदियो नाल दवानड़े नी
कुड़ीए कासनूं झगड़े नाल जोगी एह तां जंगली खडे निमानडे नी
मंग खायके सदा एह देहे तयागन तबू वैरने एह तानदे नी
कसब जानदे रब्ब दी याद वाला ऐडे झगड़े एह ना जानदे नी
सदा रहन उदास निरास नगे बिरछ फूक के सयाल गुजारदे नी
वारस शाह पर असां मलूम कीता जटी जोगी दोवें इकसे हानदे नी

---

1.आगू। 2. आठ धातुओं का मजबूत मिश्रण।

328

नैना हीर दियां वेख के आह भरदा वांग आशकां अखियां मीटदा ए
जिवें खसम कुपतड़ा रन्न गुंडी कीता गल नूं पया घसीटदा ए
रन्नां गुंडियां वांग फरफेज[1] करदा तारन हारड़ा लगड़ी परीत दा ए
घत घगरी बहे एह वढा ठेठर[2] उसतादड़ा किसे मसीत दा ए
चूंडियां वखियां विच एह वढ लैंदा पिछों आपणी वार एह चीकदा ए
इके खैर हथा नहीं एह रावल इके चेलड़ा किसे पलीत दा ए
ना एह जिन्न ना भूत न रिछ बांदर ना एह मुनया किसे अतीत दा ए
वारस शाह परेम दी ज़ील[3] न्यारी न्यारा अंतरा इशक दे गीत दा ए

329

एह मिसाल मशहूर जहान अंदर करम रब्ब दे जेड ना मेहर है नी
हुनर झूठ कमान लाहोर जेही ते कावरू[4] दे जेड ना सेहर है नी
चुगली नहीं दिपालपुर कोट जेही नमरूद[5] दे थां बे मेहर है नी
नकश चीन ते मुशक दा खुतन[6] जेहा यूसुफ जेड ना किसे दा चेहर है नी
मैं तां तोड़ शाहदरे दे कोट सटां तैनूं दम खां काम दी वेहर है नी
बात बात तेरी विच हैन कामन वारस शाह दा सेअर की सेहर[7] है नी

330

कोई असां जेहा वली सिध नाहीं नजर आंवदा जुग जहूर जिहा
दसतार रजवाड़यों[8] खूब आवे अते बाफता[9] नहीं कसूर जिहा
कशमीर जिहा कोई मुलक नाहीं नहीं चानना चंद दे नूर जिहा
अगे नजर दे मजा माशूक दा ए अते ढोल सुहांवदा दूर जिहा
नहीं रंन कुलकड़े दुध जेही नाही जलजला[10] हशेर दे तूर जिहा
सहती जेड ना होर झगड़ेल कोई अते सोहना होर ना हूर जिहा
खेड़यां जेड ना नेक नसीब कोई कोई थाऊं ना बैतुल[11] मामूर जिहा
सहिती जेड ना भला कोई बुरा नाहीं जो कम फतूर जिहा
हिंग जेड ना होर बदबू कोई बासदार ना होर कचूर जिहा
वारस शाह जिहा गुनाहगार नाहीं कोई ताउ ना गरम तंनूर[12] जिहा

1. छल–कपट। 2. गंवार। 3. जाल। 4. कामरूप। 5. एक राजा। 6. चीन का एक इलाका जहां की कस्तूरी मशहूर है। 7. जादू। 8. हुशियारपुर के पास एक गाँव। 9. रेशमी कपड़ा। 10. भुचाल। 11. यहूदियों का धर्म स्थान। 12. तंदूर।

331*

महां देव तों जोग दा पंथ बनया देवदत गुरु सन्यासियां दा
रामा नंद तों सभ वैराग होया श्री चंद है गुरु सन्यासियां दा
ब्रह्म ब्राह्मनां दा राम हिंदुआं दा अते विशन महेश सभरासियां दा
सुथरा सुथरयां दा नानक उदासियां दा शाह मखण है मुंडे उपासियां दा
हजरत सयद जलाल जलालियां दा ते अवीसकरनी खुले कासियां दा
जिवें शाह मदार मदारियां दा ते नसार अनसारियां तासिया दा
है विशशिट वैराग वैरागियां दा श्री कृष्ण भगवान उभासियां दा
हाजी नौशहु जिवें नौशाहियां दा अते भगत कबीर जुलासियां दा
दसतगीर दा सिलसिला कादरी है अते फरीद है चिस्त अभासियां दा
शेख ठीहर है पीर जो मोचियां दा लुकमान लुहार तरखासियां दा
नामदेव गुरु सभ छींबियां दा शाह शमस सुनयारियां चासियां दा
खवाजा खिजर है पीर मुहानयां दा नकशबंद मुगलां चुगतासियां दा
राजा नल है गुरु अवारियां दा समस पीर सुनयारयां हासियां दा
हज़रत वलद आदम जुलाहयां दा शैतान समस तबरेज खुजासियां दा
सुलेमान पारस पीर नाइयां दा अली रगरेज लीलार दजासियां दा
इशक पीर है आशकां सारयां दा भुख पर है मसतयां हाथियां दा
सोटा पीर है विगड़यां तिगड़ियां दा दाउद पीर है जरा नवासियां दा
हसू तेली है पीर जो तेलियां दा सुलेमान है जिन्न भुतासियां दा
वारस शाह ज्यों राम है हिंदुआं दा ते रहमान है मोमनां खासियां दा

332

अदल[4] बिना सरकार है रूख अलफ रन्न गधो उह वफादार नाहीं
नाज बिना है कचनी बाझ जिहा मरद गधा है अकल दा यार नाहीं
सबर जिकर इबादतां बाझ जोगी दमां बाझ जीवन दरकार नाहीं
शरम बाझ मुछां बिना अमल दाढ़ी तलख बाझ फौजां भरमार नाहीं
अकल बाझ वजीर सलवात मोमन ते दीवान हिसाब शुमार नाहीं
वारस रन्न फकीर तलवार घोड़ा चारे थोक एह किसे दे यार नाहीं

*इस पद्य में वारिस शाह अलग-अलग पीरों गुरुओं के नाम बताता है और उन फिरकों तथा जातों के जिनको इन पीरों गुरुओं की ओट है।

333

मरद करम दे नेक ने सहतीए नी रन्नां दुशमनां नेक कमाइयां दियां
तुसीं एस जहान विच हो रहियां पंज सेरियां धड़ धड़वाइयां दियां
मरद हैन जहाज जो नेकियां दे रन्नां बेड़ियां हैन बुरयाइयां दियां
मां बाप दा नाम नमूज डोबन पतां लाह सुटन भलयां भाइयां दियां
हड मास हलाल हराम कपन एह कुहाड़ियां तेज कसाइयां दियां
लबां लैंदियां साफ कर देन दाढ़ी जेहीयां कैंचियां तेज कसाइयां दियां
सिर जाए ना यार दा भेत देईए शरमां रखिए अखियां लाइयां दियां
नी तूं केहड़ियां गलां ते ऐड झूकें गलां दस खां पूरियां पाइयां दियां
आडा नाल फकीरां दे लांदियां ने खूबियां वेख ननाण भरजाइयां दियां
वारस शाह तेरे मुंह नाल मारां पंडीं बन्न के सभ बुरयाइयां दियां

334

रीस जोगियां दी तैथों नहीं हुंदी हवसां[1] केहियां जटां रखाइयां दियां
बेशरम दी मुठ जयों पूछ पिदी जेहियां मुंजरां[2] बेट[3] दी धाइयां दियां
तानसैन जिहा राग नहीं हुंदा लख मतां जे होन अताइयां दियां
तेरी चराचर बिरकदी[4] जीभ ऐवें जिवें जुतियां मरकदियां साइयां दियां
सिर मुंन दाढ़ी खेह लाइयां ई कदरां डिठयो एडियां चाइयां दियां
मुंडयां नाल घुलना मंदे बोल कहने नहीं चालियां भलयां दयां जाइयां दियां
नहीं कावयों चूहड़ा होवे वाकफ खबरां जानदे चूहड़े खाइयां दियां
नहीं फकर दे भेत दा तूं वाकफ खबरां तुध नूं महीं चराइयां दियां
चितड़ सवाह भरे वेखो मगर लगा जिवें कुतियां होन कसाइयां दियां
जेहड़ियां सुन उजाड़ विच वांग खवर कदरां उह की जानदियां दाइयां दियां
गधे वांग तूं रजयों करे मसती कछां सुंघनां रन्नां पराइयां दियां
पूछ गाईं दी मही नूं जोड़ नाए खुरियां मही नूं लाउना ए गाइयां दियां
हासा आंवदा वेख के सिफलया[5] गलां तबा[6] दीयां वेख खफनाइयां दियां
मियां कौन छुडावसी आन तैनूं धमकां पैनगियां जदों कुटाइयां दियां
गलां इशक देवालियां नाहीं फलियां कचे घड़े ते बहन रूढ़ाइयां दियां
परियां नाल देवां नूं की आखन जिनां वखियां भंनियां भाइयां दियां
एह इशक ना जानदे चाक चोबर खबरां जानदे रोटियां ढाइयां दियां
वारस शाह न बेटियां जिनां जाइयां उह की जाणदे कदरां जवाइयां दियां

1. लोभ। 2. बाण की रस्सी। 3. दरिया के किनारे का इलाका।
4. आवाज़। 5. कमीने लोग। 6. स्वभाव। 7. अलहड़।

335

अर्सीं सहतीए डरिये ना मूल तैथों तिखे दीदड़े[1] तैंडड़े सार[2] दे नी
हाथी नहीं तसवीर दा किला ढाहे शेर फविया[3] तों नहीं हार दे नी
कहे कावां दे ढोर ना कदी मोए भूंड अखियां कदे ना मारदे नी
फट हैन लड़ाई दे असल ढाई होर कूड़ पसार पसार दे नी
इके मारना इके ते आप मरना इके नठ जाना अगे सार दे नी
हिंमत सुसत बरूत[4] शुकीन भारे ओह गभरू किसे न कार दे नी
बन्ह तोरिये जंग नूं एक करके सगों अगलयां नूं पिछों मारदे नी
सड़न कपड़े होन तहकीक काले जेहड़े गोशटी[5] हीन लुहार दे नी
झूठियां सेलियां नाल ना जोग हुंदा पथर गले ना लान फुहार दे नी
खैर दितयां माल ना होवे थोड़ा बोहल थुड़े ना चुगे गुटार[6] दे नी
जदों चूहड़े नूं जिन्न चा करे खजल झाड़ा करीदा नाल पैज़ार[7] दे नी
तैं तां फिकर कीता साडे मारने दा तैनूं वेख लै यार हुण मारदे नी
जेहा करे कोई तेहा पांवदा ए सचे वायदे परवदगार दे नी
वारस शाह मियां रन्न भौंकनी नूं फकर पा जड़िया[8] चा मारदे नी

336

तेरियां सेलियां तों असीं नहीं डरदे कोई डरे ना भीलदे साग कोलों
ऐवें मरीदा जानसे एस पिंडों जिवें खिसकदा कुफर है बाग कोलों
सिर कज के तुरेंगा झब जटा जिवें सप उठ चलदा डांग कोलों
ऐवें खपरी सुट के जाएंगा तूं जिवें धाड़वी खिसकदा काग कोलों
मेरे डिठया गई है जान तेरी जिवें चोर दी जान झलांग[9] कोलों
तेरी टोटड़ी[10] फरकदी सप वांगू आ रन्नां दे डरी उपांग[11] कोलों
ऐवें खौफ पैसी तैनूं मारने दा जिवें सूकदा पैर उलांग कोलों
वारस शाह इस जोगी दी चोग मुकी पानी मंगदे नेजे दी सांग कोलों

1. दर्शन। 2. लोहा। 3. गीदड़। 4. मूछें। 5. पत्थर। 6. पक्षी का नाम।
7. जूती। 8. जूतिआं। 9. सवेर। 10. बूथी। 11. अंग।

337

कहियां आन पंचायतां जोड़ियां नी असी रन्न नूं रेवड़ी जानने हां
फड़ी चिथ के लई लंघा पल विच तंबू वैर दे असीं ना तानने हां
लोक जागदे महरियां नाल परचन असीं खाब अंदर मौजां मानने हां
लो छानदे भंग ते शरबतां नूं असीं आदमी नजर विच छानने हां

338

जेठ मींह ते सयाल विच वाओ मंदी कतक माह विच मनेह हनेरियां नी
रोना वयाह विच गौना विच सयापे सतर मजलसां करन मंदरियां नी
चुगली खांवदा दी बदी नाल मुलां खान लून हराम बदखैरियां नी
हुकम हथ कमजात दे सौंप देना नाल दोसतां करनियां वरियां नी
गीवत तरक सलबात[1] ते झूठ मसती दूर करन फरिशतयां तेरियरां[2] नी
मुड़न कौल जबान थीं फिरन पीरां बुरे दिनां दियां एहभी फेरियां नी
लड़न नाल फकीर सरदार यारी गडा घतना माल दसेरियां नी
मेरे नाल जो खेड़यां विच होई खचर वादियां एह सब तेरियां नी
बले नाल भलयाइयां बदी नाल बुरियां याद रख नसीहतां मेरियां नी
बिना हुकम दे मरन न ओह बंदे साबत जिन्हां दियां रिजक ढेरियां नी
बदरंग नूं रंग के रंग लायो वाह वाह एह कुदरतां तेरियां नी
हुणे घतके जादूड़ा करूं कमली पई गिरद मेरे घते फेरियां नी
वारस शाह असां नाल जादूआं दे कई रानियां कीतियां चेरियां नी

339

असां जादूड़े घोलके सभ पीते करां बाबरे जादूआं मालयां नूं
राजे भोज[3] जेहे कीते चा घोड़े नहीं जानदा साडयां चालयां नूं
सिर कप रसालू[4] नूं वखत पाया घर मकर[5] दे गोलयां रालयां नूं
रावन लंक लुटायके गिरद[6] होया सीता वासते भेद वखालयां नूं
सके भाइयां नूं करन नफर[7] राजे अते राज बहांवदे सालयां नूं
यूसफ बंद[8] विच पा जहीर[9] कीता ससी बखत पाया ऊठां वालयां नूं

1. गाली। 2. उडारिआं। 3. साहित्य का रक्षक। 4. राजा। 5. फरेब।
6. मर गया। 7. नौकर। 8. कैद। 9. दु:खी।

रांझा चार के मही फकीर होया हीर मिली जे खेड़यां सालयां नूं
रोडा[1] वढ के डकरे नदी पाया तूं जलाली[2] दे देख लै चालयां नूं
फोगू उमर[3] बादशाह खुआर होया मिली मारवन[4] ढोल दे रालयां नूं
वली वलम बउर[5] ईमान दिता देख डोबया बंदगी वालयां नूं
महींवाल ते सोहणी रहे ऐवें होर पुछ लै इशक दे चालयां नूं
अठारां खूहनी कटक[6] लड़ मोए पांडो डोबडाब के खूनियां गालयां नूं
रन्नां सचयां नूं करन चा झूठे मकर नाल विछा निहालयां नूं
वारस शाह तूं जोगिया कौन हुणे ओड़क भरेंगा साडयां हालयां नूं

340

आ नढीए गैब क्यों चाया ई साडे नाल की रिकतां[7] चाइयां नी
बेकसां दा कोई ना रब्ब बाझों तुसीं दोवें ननाण भरजाइयां नी
जेहड़ा रब्ब दे नाम ते भला करसी अगे मिलनगियां ओस भलाइयां नी
अगे तिन्हां दा हाल ज़बून[8] होसी अखीं वेख करन जो बुरयाइयां नी

341

मरद सुआद चेहरे हैन नेकियां दे सूरत रन्न दी मीम मौकूफ[9] है नी
मरद आलम फाजल अते असल काबल किसे रंन नूं कौन वकूफ[10] है नी
सबर राह है मन्नयां नेक मरदां अते सबर दी वाख मातूफ[11] है नी
दफतर मकर फरेब खचरवादी एहनां पिसतयां विच मलफूफ[12] है नी
रन्नां रेशमी कपड़ा मला मेली मरद जौज़कोदार[13] मसरूफ है नी
वारस शाह वलायती मरद मेवे अते रन्न मिसवाक[14] दा सूफ[15] है नी

342

दोस्त सोई जो बिपत विच भीड़ कटे यार सोई जो जान कुरबान होवे
शाह सोई जो काल विच भुख कटे कुल बात दा जो निगाहबान होवे
गां सोई जो सयाल विच दुध देवे सोई बादशाह जो शाहबान[16] होवे
नार सोई जो माल बिन जफर जाले पयादा सोई जो भूत समान होवे
इमसाक है असल हफीम ब्राझों गुस्से बिना फकीर दी जान होवे

1. एक फकीर। 2. एक लड़की का नाम जिसको रोडे के साथ इशक था। 3. सिंध का एक अमीर जो अरबी नसल का था। जब ढोला मारवण को लेकर जा रहा था तब रास्ते में इस अमीर ने मारवण को छीनने की कोशिश की। 4. मारवण के इशारे पर ढोले ने अपना ऊंट दौड़ा लिया था और रानी को बचा कर ले गया था। 5. नबी इस्माइल में से एक वली का नाम। 6. फौज। 7. झगड़ा। 8. बुरा, मंदा। 9. हटा देना। 10. समझ। 11. ढीली। 12. लिफाफे में बंद। 13. खद्दरपोश। 14. दातुन। 15. गुद्दा। 16. गडरिया।

सोई रोग जो नाल इलाज होवे तीर सोई जो नाल कमान होवे
कंजर सोई जो गैरतों बाझ होवे जिवें भाबड़ा[1] बिना अशनान होवे
कसबा सोई जो वैरी बिन पया वसे जलाद सोई जो मेहर बिन जान होवे
सयद सो जो शूम ना होवे कायर जानी[2] सिआह ते ना कहरवान होवे
चाकर औरतां सदा बेउजर होवन बते आदमी बे नुकसान होवे
कवारी सोई जो करे हया बहुती नीवीं नजर ते बाझ जबान होवे
बिना जंग ते चोर दे मुलक वसे पेट सोई बिन अन्न ते पान होवे
परां जाह तूं भुखया चोबरा वे मतां मंगणों कोई वधान[3] होवे
वारस शाह फकीर बिन हिरस[2] गफलत याद रब्ब दी विच गलतान होवे

343

कारसाज है रब्ब ते फेर दौलत सभ मेहनतां पेट दे कारने नी
पेट वासते फिरन अमीर दर दर सयद जादयां ने गधे चारने नी
पेट वासते हूर ते परीजादां जान जिन्न ते भूत दे वारने नी
पेट वासते सब खराबियां ने पेट वासते खून गुजारने नी
पेट वासते फकर तसलीम[4] तोड़न समझ लै सभ रन्ने गवारने नी
एस जिमीं नूं वांहदा मुलक मुका एथे हो चुके वडे कारने नी
गाहुनहोर ते राहक[5] नी होर एहदे खांवद होर है होर दम मारने नी
मेहरब्बान जे होण फकीर इक पल तुसां जहे करोड़ लख तारने नी

344

रब्ब जेड ना कोई है जग दाता जिमीं जेड ना किसे दी साबरी वे
मझी जेड ना किसे दे होन जेरे राज हिंद पंजाब ना बाबरी[6] वे
चंद जेड ना चलाकां[7] न सरद कोई हुकम जेड ना किसे दी काबरी वे
बुरा कसब ना नौकरी जेड कोई याद हक दे जेड अकाबरां[8] वे
मौत जेड ना होर है सखत कोई ओथे किसे दी नहियों नाबरी[9] वे
रन्न वेखनी ऐब फकीर ताईं भूत वांग सिरां उते बाबरी वे
वारस शाह शैतान दे अमल तेरे दाढ़ी हो गई शेख़ दी झाबड़ी[10] वे

1. एक जाति का नाम। 2. भोगी। 3. जुल्म। 4. रब्ब की रजा में राजी। 5. किसान।
6. बाबर का राज। 7. सैलानी। 8. वडियाई। 9. नहीं। 10. परदा।

345

रन्न वेखना ऐब है अन्नयां नूं रब्ब अखियां दितियां वेखने नूं
सब खलक[1] दा वेख के लौ मुजरा[2] करो दीद इस जग दे पेखने नूं
महांदेव जहे पारब्बती अगे काम लयांवदा सी मथा टेकने नूं
रावन राजयां सिरां दे दाअ लाये जरा जायके अखियां सेकने नूं
सब दीद मुआफ है आशकां नूं रब्ब नयन दिते जग देखने नूं
अजराईल हथ कलम लै वेखदा ए तेरा नाम इस जग तों छेकने नूं

346

जेही नियत है तेही मुराद मिलीया घरो घरी छाई सिर पावना एं
फिरे भौंकदा मंगदा खवार हुंदा लख दगे पखंड कमावना एं
सानूं रब्ब ने दुध ते दहीं दिता असां खावना ते हंडावना एं
सोना रूपड़ा[3] पहन के असीं बहिए वारस शाह क्यों जीभ रमावना एं
गधा उदरका[4] नाल ना होय घोड़ी शाह परी ना होए यरोरीए नी
गोरे रंग दे नाल तूं जग मुठा विचों गुनाह दे कारने पोलीए नी
वेहड़े विच तूं कंजरी वांग नचे चोरां यारां दीए विच वचोलीए नी
असां पीर कहया तुसां हीर जाता भुल गई हैं समझ विच भालीए नी
अंत एह जहान छड जावना ए ऐडे कुफर अपराध ना तोलीए नी
फकर असल अलाह दी हैन सूरत अगे रब्ब दे झूठ ना बोलीए नी
हुसन मतीए बोबके[5] सोन चिड़ीए नैनां वालिये शोख ममोलीए नी
तैंढा भला थीवे साडा छड पिछा अबा जिऊनीए आलीए भोलीए नी
वारस शाह केती गल होए चुकी मूत विच ना मछीयां टोलिए नी

347

छेड़ खुंदरां भेड़ मचावना एं सेकां लिंग तेरे नाल सोटयां दे
असीं जटियां मुशक पलटियां हां नक पाड़ सुटे जिन्नां झोटयां दे
जदों मूहलियां पकड़ के गिरद होइयां पिसते कढिये टीनयां कोटयां दे
जट जुटके कुटिये नाल सोटे एह अलाज नी चितड़ां मोटयां दे
लपर शाह दा बालका शाह भखड़ तैथे वल है ऐड लपोटयां दे
वारस शाह रोडा सिर कन्न पाटे एह हाल चोरां यारां खोटयां दे

1. सृष्टि। 2. नज़ारा। 3. सोना-चांदी।
4. नखरे। 5. मूर्ख।

348

फकर शेर दा आखदे हैन बुरका भेत फकर दा मूल ना फोलीए नी
दुध साफ है वेखना आशकां दा शकर विच पयाज ना घोलीए नी
घरों खरे जो हस के आन दीजे लईए दुआ ते मिठड़ा बोलीए नी
लइए आख चढ़ायके वध पैसा पर तोल तों घट ना तोलीए नी

349

असीं भूत दी अकल गवा दईए सानूं ला भबूत डरावना एं
त्रिंजणं देखने वहुटियां छैल कुड़ियां ओथे किंगनी तार वजावना एं
मेरी भाबी दे नाल तूं रमज मारें भला आप तूं कौन सदावना एं
ओह पई हैरान है नाल जहमत[1] घड़ी घड़ी क्यों पया अकावना एं
ना तूं वैद ना मांदरी ना मुलां झाड़े गैब दे कासनूं पावना एं
चोर चूहड़े वांग है तन्न तेरी पई जापदी सिर फुडावना एं
कदे भूतना होयके झंड खोले कदे जोग धारी बन आवना एं
इट सिट फगवाड़ ते कवार गंदल एह बूटियां कढ वखावना एं
दारू ना किताब ना हथ शीशी आख काहे दा वैद सदावना एं
जाह घरों असाडयों निकल भेखी नहीं जटां दी जूह सुहावना एं
खोह बावरी खपरी भन तोड़ूं अते होर की लीक लुआवना एं
रन्नां बलम बाऊर[2] दा दीन खोहया वारस शाह तूं कौन सदावना एं

350

असां मेहनतां डाढियां कीतियां नी गुंडीए खचरिये लुचिये जटीए नी
करामात फकीर दी देखनी एं खैर रब्ब तों संग सुपतीए नी
कन्न पाटयां नाल ना जिद कीजे अन्ने खूह विच झात न घतीए नी
मसती नाल तकबरी रात दिने कदी होश दी अख परतीए नी
कोई दुख ते दर्द ना रहे भोरा भाड़ा मेहर दा जिनां नूं घतीए नी
पढ़ फूकिगे इक अजमत सैफी[3] जड़ जिन्न ते भूत दी पटीए नी
तेरी भाबी दे दुखड़े दूर होवन असी मेहर दे चा पलटीए नी
वारस मिठड़ा बोल ते मोम हो जा त्रिखा बोल ना काहली जटीए नी

1. बीमारी। 2. एक फकीर (वली) जो हज़रत मूसा का विरोधी था। 3. आयत पढ़कर मंतर फूंकना।

351*

फरफेजिया बीर बतालिया वे औखे इशक दे झारने पावनैं वे
नैंन वेखके मारना एं फूक साहवीं सुते प्रेम दे नाग जगावनैं वे
कदों यूसफी तिब मीजान पढ़यों दसतूर इलाज सिखावनैं वे
किरतास सकदरी तिब अकबर ते जखीरयों बाब सिखावनैं वे
कानून मूजब तोफा मोमनी भाते कफाफाया मनसूरी थीं पावनैं वे
कराबादीन सफाई ते कादरी भी अते नाथयां इनसान पढ़ जावनैं वे
रतन जोत ते शाख मलमात सोझन दे गंग जती आवनैं वे
फलसूर जहान दियां असी रन्नां साडे मकर दे भेत किस पावनैं वे
अफलातून शागिरद गुलाम अरस्तू लुकमान तों पैर धुवावनैं वे
गलां चा वबा दियां बहुत करन एह रोग ना तुध थीं जावनैं वे
इनां मकरियां तों होवे कौन चंगा ठग फिरदे रन्न वलावनैं वे
जेहड़े मकर दे पैर खलार बैठे बिना फाट खाधे नहीं जावनैं वे
मुंह नाल कहयां जेहड़े जान नाहीं हड गोडड़े तिनां भनावनैं वे
वारस शाह एह मार है वसत ऐसी जिन्न भूत ते दयो निवावनैं वे

352

एह रसम कदीम है जोगियां दी ओहनूं मारदे ने जेहड़ी टुरक दी ए
खैर मंगदे दियां फकीर ताईं अगे कुतयां दे वांग घुरकदी ए
एह खसम नूं खान नूं किवें दसी जेहड़ी खैर देंदी पई झुरकदी ए
एक पेरनी के अहलवाननी ए इके कंजरी ए किसे तुरक दी ए
पहले फूक के अग मताबियां नूं पिछों सरद पानी वेख बुरकदी ए
रन्न गुंडी नूं जिथों पैजार[1] वजन ओथों चुप चुपीतड़ी सुरकदी ए
इक झट दे नाल मैं पट लैणी जेहड़ी जुलफ गलां उते लुटकदी ए
सयाने जानदे ने धनी जाय झोटी जेहड़ी साहन दी मुतरी खुरकदी ए
फकर जान मगन खैर भुखे मरदे अगों सगां[2] वांगूं पई दुरकदी ए
लंडी वैहड़ नूं खेतरी हथ आई पई उपरों उपरों मुरकदी ए
वारस शाह वांगूं सानूं रन्न खचरी अख विच ज्यों कुकरे रूड़कदी ए

*इस पद्य में हिकमत की पुस्तकों के नाम हैं। 1. जूती। 2. कुत्ता।

353

जेहड़ियां लैण उडारियां नाल बाजां उह बुलबुलां ठीक मरींदियां ने
उन्हां हरनियां दी उमर हो चुकी पानी शेर दी जूह जो पींदियां ने
उह डायनां जान कबाब होइयां जेहड़ियां बेड़ीयां नाल खहींदियां ने
उह इक दिन फेरसन आन घोड़े किडां जिंहां दियां नित सुनींदियां ने
जोकां इक दिन पकड़न चोड़ी अणियां लहू अनुपते नित जो पींदियां ने
दिल माल दीजे लख कंजरी नूं कदी दिलों महबूब ना थींदियां ने
इक दिन पकड़ियां जानगियां हाकमां दे पराई सेज जो नित चड़ींदियां ने
इक दिन गड़े वसावसन उह घटां होठां जोड़के नित गरजींदियां ने
तेरे लवन मोढे साढे लवण नाड़े मुशकां किसे दीयां अज बझींदियां ने

354

सुन सहतीए असी हां नाग काले पढ़ सैंफियां[1] जुहद[2] कमावने हां
मकर रन्न नूं भन्नके साफ करदे जिन्न भूत नूं साड़ विखावने हां
नकस लिखके फूक यासीन[3] साए[4] सूल दी जात गवावने हां
दुख दरद बला सभे दूर हुंदे कदम जिन्हां दे वेहड़यां पावने हां
सनै तसमियां[5] पड़हां इखलाक[6] सूरत जड़ां वैरी दियां पुट गुवावने हां
दिलों जिसदे चा तवीज लिखिये असीं रूठड़ा यार मनावने हां
जेहड़ा मारना होवे ता कील करके ऐतबार मसान जगावने हां
जेहड़े गभरू तों रन्न रहे विटर लौंग मंतर के चा खुवावने हां
जेहड़े यार नूं यारनी मिले नाहीं फुल मंतर के चा सुंगावने हां
ओहनां वौहटियां दे दुख दरद जादे फड़ हिक ते हथ फरावने हां
कील डायनां कचियां पकियां नूं दंद भन के लिटां मुनावने हां
जान सेहर जादू जेहड़े भूत गुंडे गंडा कील दुआली दा पावने हां
किसे नाल जे वैर विरोध होवे ओहनूं भूत मसान चमड़ावने हां
बुरा बोलदी ए जेहड़ी जोगियां नूं सिर मुन्न के गधे चढ़ावने हां
जैदे नाल मुदपड़ा[7] ठीक होवे ओहनूं वीर बैताल पहुंचावने हां
असी खेड़ियां दे घरों इक बूटा हुकम रब्ब दे नाल पुटावने हां
वारस शाह जे होर ना दा लगे सिर ते परेम जड़ीयां जा पावने हां

1. मंतर। 2. तपस्या। 3. कुरान का एक सूरा जिसमें प्रेत-खबीस आदि भगाने की दुआएं दर्ज हैं। 4. परछावें की बीमारी। 5. नाम रखना। 6. कुरान का सूरा। 7. मेल-जोल।

355

महबूब अलाह दे लाडले हो एस वहुटड़ी नूं कोई सूल है जी
कोई गुझड़ा रोग है एस धाणा पई नित एह रहे रंजूल[1] है जी
हथों लुढी वैंहदीं लाहू लथड़ी है वहुटी हो जांदी मखतूल[2] है जी
मुंहों मिठड़ी लाड दे नाल बोले हर किसे दे नाल माकूल[3] है जी
मूधा पया है झुगड़ा नित साडा एह वहुटड़ी घरे दा सूल है जी
मेरे वीर दे नाल है वैर एहदा जेहा काफरां दे नाल रसूल है जी
अगे एसदे साहुरे हथ बधी जो कुझ आखदी सब कबूल है जी
वारस पलंघ तों कदी तां उठ बैठे साडे ढिड दे विच डंडूल है जी

356

मथा वेख के करो इलाज इसदा रखां नजर जो दयो फरमा मैंनूं
नाड़ी वेख के एस दी करां कारी देवे उठ के हथ दिखा मैंनूं
रोग कास तों चलया करो जाहर मजा मूंह दा एह बता मैंनूं
वारस शाह मियां छती रोग कटां मलकुल[4] मौत दी याद दवा मैंनूं

357*

खंघ खुरक ते साह ते अख आई सूल दंद दी पीड़ गुवावना हां
केलज तपदिक ते मोहरका ताप ओहनूं काढ़यां नाल हटावना हां
सरसाम सौदा जुकाम नजला एह शरबतां नाल हटावना हां
लूत फोड़यां अते गंभीर चंबल तेल लायके जड़ों पुटावना हां
अधरंग मुख भौं गया होवे जिसदा शीशा हलब दा कड दिखावना हां
मिरगी होग तां लाहके पैर छितर रख नक ते चा सुंघावना हां
झोला मार जाए जिन्हां रोगियां नूं तिन्हां तेल सुहांजना लावना हां
बांह सुक जाए तंग सुन होवे तदों तेल अरिंड लगावना हां
रन्न मरद नूं काम जे करे गलबा धनिया घोट के चा पिआवना हां
नामरद ताईं चीच बोहटियां दा तेल कढ के नित मलावना हां
जे किसे नूं बाद फिरंग होवे रस कपूर ते लौंग दिवावना हां
परमेह सुजाक ते छाह शूते ओहनूं इंदरी झाड़ करावना हां
अतिसार नबाहिया सूल जिसनूं ईसबगोल ही चा फकावना हां
वारस शाह जेहड़ी उठ बहे नाहीं ओहनूं हथ भी मूल ना लावना हां

1. दु:खी-बीमार। 2. पागल। 3. ठीक-ठाक। 4. मौत का फरिश्ता।
*इस पद्य में शरीर की बहुत सारी बीमारियों के नाम हैं।

358

लख वैदगी वैद लगा थक्के धुरों टुटड़ी किसे ना जोड़नी वे
जिथे कलम तकदीर दी वग चुकी किसे वैदगी नाल ना जोड़नी वे
जिस कम्म विच वौहटड़ी होवे चगी सोई खैर असां हुण लोड़नी वे
वारस शाह अजार[1] होर सब मुड़दे एह तकदीर ना किसे ने मोड़नी वे

359

एह विच कुरान दे हुकम होया गल फकर दी नूं नाहीं हसिये नी
जो कुझ कहन फकीर सो रब्ब करदा आखे फकर दे तों नाही नसिये नी
होवे खैर ते देही दा रोग जाये नित पहनीए खावीए वसिये नी
भला बुरा जो देखिये मसट करिये भेत फकर दा मूल ना दसिये नी
हथ बन्ह फकीर ते सिदक कीजे नाही टोपियां सेलियां खसिये नी
दुख दरद तेरे सभे जान कुड़ीए भेत जिऊ दा खोल जां दसिये नी
मुख खेल विखाए तां होवे चंगी आली भोली अयानिये ससिये नी
रब्ब आन सबब जां मेलदा ए खैर हो जांदी नाल लसिये नी
सुलह कीतयां फते जे रब्ब आवे कमर जंग ते मूल ना कसिये नी
तेरे दरद दा सब इलाज मैथे वारस शाह नूं भेद जे दसिवये नी

360

सहती गज के आखदी छड जटा खोह सब नवालियां सटियां नी
होर सब जातां ठग खधियां नी पर एस वेहड़े विच जटियां नी
असां एतनी गस मलूम कीती एह जटियां मुलक दियां डटियां नी
डुमां रावल कुतयां जोगियां दियां जीभां धुरों शैतान ने चटियां नी
पर असां वी जिन्हां नूं हथ लाया ओह बूटियां जड़ां तों पटियां नी
पोले ढिड ते अकल दी मार बहुती चाहां पीन त्रबेहियां खटियां नी

1. हथियार।

361

होली सहज सुभा दी गल कीजे नाही कड़किये बोलिये गजिये नी
लख झट तरले फिरे कोई करदा दिते रब्ब दे बाझ ना रजिए नी
धयान रब्ब ते रख ना हो तती दुख औगुनां होन तां कजिए नी
असीं नजर करीए तुरत होन राजी जिन्हां रोगियां ते जा वजिए नी
चौदां तबका[1] दी खबर फकीर रखन मुंह तिन्हां तों कासनूं कजिए नी
जदों हुकम विच माल ते जान होवे उस रब्ब तों कासनूं भजिए नी
सारी उमर जो पलंघ ते रहे नढी एसे अकल दे नाल कुचजिए नी
शरम जेठ ते सौहरयां करन आई मुंह फकरां तों काहनूं कजिए नी
वारस शाह तद इशक दी नजर दिसे जदों आपने आपनूं कजिए नी

362

केही वैदगी आन जगायो ई किस वैद ने दस पढ़ायों वे
वांग चौधरी आनके वैद बनयों किस चिठियां घल सदायों वे
सेली टोपियां पहन लंगूर वांग तूं तां शाह भोला[2] बन आयों वे
वडे दगे ते फंध फरेब पढ़यों ऐवें पाड़ के कन्न गवायों वे
ना तू जनयां ना फकीर रहयों ऐवें मुंदके घोन करायों वे
बुरे दिनां दियां भैड़ियां वादियां नी अज रब्ब ने ठीक कुटायों वे
वारस शाह कर बंदगी रब्ब दी तूं जिस वासते रब्ब बनायों वे

363

तेरी तबा[3] चलाक है छैल छिदर[4] चोरां वांग की सेलियां सिलियां नी
पैरीं बिलियां होण फरिंदीयां दे तेरी जीभ हरयारिए बिलियां नी
केहा रोग है दस इस वौहटड़ी नूं अते मारदी है टरपलियां नी
किते एसनूं चा मसान घते पड़ ठोकियां सार दियां किलियां नी
सहंस धूप अते होर फुल हरमल हरे सरिह दियां छमां गिलियां नी
झब करां मैं जतन झड़ जान कामनअनी कमलियो होना ढिलियां नी
हथ फेरके धूप ते करां झाड़ा फेरे नैन ते मार दे खिलियां नी
रब्ब वैद पका घर घलया जे फिरो ढूंढ़दे पूरब दिलियां नी
वारस शाह परेम दी जड़ी घती अखीं हीर दियां कचियां पिलियां नी

1. असमान। 2. बंदर। 3. स्वभाव। 4. कपटी।

364

मेरे नाल की पाया ई वैर चाका मथा सौंकनां वांग की डाहया ई
ऐवें घूरके मुलक नूं फिरे खांदा कदी जोतरा मूल ना वाहया ई
किसे जोगिड़े पकड़ फकीर कीतो अनजान ककूहड़ा[1] फाया ई
बुढी बाप मां नूं रोंदड़ी छड आयों ओहदा अरश दा किंगरा ढाया ई
पेट रखके आपणा आप पाले किते रन्न नूं चा त्राहया ई
सुआह लाईया बानना उलट आई ऐवें कपड़ा चीथड़ा लाहया ई
वारस आखनी हां टल जाह साथों भौंदू[2] साध लधोंदड़ा[3] ई

365

मान मतिए रूप गुमान भरिए भैड़े कारीए गरब गहेलीए नी
एडे फंद फरेब ने याद तैनूं किसे वडे उस्ताद दी चेलीए नी
एस हुसन दी ना गुमान करीए मान मतीए गरब[4] गहेलीए नी
तेरी भाबी दी नहीं प्रवाह सानूं वडी हीर दिये अंग सहेलीए नी
मिले सिर नूं ना विछोड़ दईए सगों विछड़े सिरां नूं मेलीए नी
केहा वैर फकीर दे नाल चायो पिछा छड अनोखिए लेलीए नी

366

हीर कन्न धरया एह कौन आया कोई एह तां है दरदखाह मेरा
जेहड़ा भौर ताजन मैंनूं आखदा है अते गधा बनाया सू चा खेड़ा
मतां कन्न पड़वाके मिएं रांझे घत मुंदरां ते लया राह मेरा
वारिस शाह मत कन्न पड़ाए रांझा घत मुंदरां मंनया हुकम तेरा

367

बोली हीर आवे अड़या जा एथों कोई खुशी ना होवे ते हसीए क्यों
परदेसियां जोगियां कमलयां नूं विचों जिउ दा भेत चा दसीए क्यों
जे तां आप इलाज ना जानीए वे जिन्न भूत ते जादूड़े दसीए क्यों
फकर भारड़े गौरड़े ही रहिए कुआरी कुड़ी दे नाल खिड़ हसीए क्यों
वारस शाह उजाड़के वसदयां नूं आप खैर दे नाल फिर वसीए क्यों

1. एक पक्षी का नाम। 2. आवारा। 3. मिला। 4. अहंकार।

368

घरों सखना फकर ना डूम जाये अनी खेड़यां दिए मगखोरीए नी
कोई बड़ी असां तकसीर[1] है कीती सदा हुसन दा बखश लै गोरीए नी
जो कुझ सरे सो फकर नूं खैर दीजे नहीं देय जवाब चा टोरीए नी
वारस शाह कुझ रब्ब दे नाम देईए नहीं आजजां दा कुझ जोगीए नी

369

हीर आखया जोगीया झूठ आखें कौन रूठड़े यार मनावंदा ए
ऐसा कोई ना डिट्ठा मैं ढूंढ़ थकी जेहड़ा गयां नूं मोड़ लिआवंदा ए
साडे चम्म दियां जुतियां करे कोई जेहड़ा जिऊ दा रोग गवावंदा ए
भला दस खां चिरी विछुंनयां नूं कदों रब्ब सचा घरीं लिआवंदा ए
भला मोए ते विछड़े कौन मेले ऐवें जीवड़ा लोक वलावंदा ए
इक बाज तों काउं ने कूंज खोही वेखो चुप है के कुरलावंदा ए
इक जट दे खेत नूं अग लगी वेखां आन के कदों बुझावंदा ए
देवां चूरियां घेउ दे बाल दीवे वारस शाह जे सुनां मैं आवंदा ए

370

जदों तीक जिमी असमान कायम तदों तीक ए वाह सब वहनगे नी
सभे किबर[2] हंकार गुमान लदे आप विच एह अन्त नूं ढहनगे नी
असराफील[3] जां सूर करनाए[4] फूके तदों सब पसारड़े ढहनगे नी
कुरशी[5] अरश ते लोह कलम[6] जनत रूह दोजखां सब एह रहनगे नी
कुरआ[7] सुटके प्रशन मैं लावना हां दसां उनां जो उठके बहनगे नी
नाले पतरी खोलके फोल दसां वारस शाह होरी सच कहनगे नी

371

तू छातियां नाल ओह मसभिंना तदों दोहां दा जी रल गया सी नी
ओह वझली नाल तूं नाल लटकां जिउ दोहांदा दोहां ने लाया सी नी
ओह इशक दे हट बका रिहा मझी किसे दियां चारदा रिहा सी नी

1. अपराध। 2. घमंड। 3. फरिश्ता। 4. नाद (कहते हैं कि कयामत के दिन फरिश्ता असराफील जब अपना सुर फूँकेगा तब सारे मुर्दे जाग उठेंगे और अल्लाह उनका इंसाफ करेगा।) 5. तखत। 6. तकदीर लिखने वाली कलम। 7. पांसा।

नाल शोक दे महीं चारदा सी तेरा वयाह होया लुड़[1] गया सी नी
तूसी चढ़ा डोली ओह हिक मण टमक[2] चायके नाल लैगया सी नी
हुण कन्न पड़ा फकीर होया नाल जोगियां दे रल गया सी नी
अज पिंड तुसाडड़े आन वड़्या अजे लंघ के अगां ना गया सी नी
हुण संगली सुट के शगन बोलां चुआ सौ रयां ते गुना पया सी नी
वारस शाह मैं पतरी फोल डिठी कुरआ[3] एह नजूम दा पया सी नी

372

छोटी उमर दियां यारियां बहुत मुशकल पुतर महरां दे खोलियां चारदे ने
कन्न पाड़ फकीर हो जान राजे दरद मंद फिरन विच बार दे ने
रन्नां वासते कन्न पड़ा राजे सभो जात सफात[4] नघार दे ने
जिन्हां रन्नां दे नेक नसीब होवन सजन आ बैठन कोल यार दे ने
धन माल सभो सिर वख करके दीद बाज़[5] आशक दीदे मारदे ने
वारस शाह जां ज़ोक[6] लगे गदा जौहर निकलन असल तलवार दे ने

373

जिस जट दे खेत नूं अग्ग लगी ओह रहिवां[7] वढके गाह लया
लावेहार[8] राखे सब विदा होए ना उमैद हो के जट राह लया
जेहड़े बाज तों काउं ने कूंज खोही सबर शुकर कर बाज फना लया
दुनियां छड उदासियां पैहन लइयां सयद वारसों हुण वारस शाह होया

374

हीर उठ बैठी पते ठीक लगे अते ठीक नशानियां सारियां ने
एह तां जोतशी पंडत आन मिलया बातां आखदा खूब करारियां ने
पते वंझली दे एस ठीक दिते ओस मझी भी साडियां चारियां ने
वारस शाह एह इलम दा धनी डाढा खोल कहे निशानियां सारियां ने

---

1. बह गया। 2. ढोल। 3. पांसा। 4. जात-पात। 5. ताड़ने वाले।
6. इशक। 7. मुज़ाहरा। 8. लावियां करने वाले।

375

भला दस खां जोगिया! यार साडा हुण केहड़ी तरफ नूं उठ गया
वेखां आप हुण केहड़ी तरफ फिरदा अते मुझ गरीब नूं कुठ[1] गया
रूठे आदमी घरां विच आन मिलदे गल समझ जा बधड़ी मुठ[2] गया
घरां विच पैंदा गुनां सजनां दा यार होर नाहीं किसे गुठ गया
घर यार ते ढूंढ़दी फिरे बाहर किते महल ना माड़ियां उठ गया
सानूं चैन आराम ते सबर नाहीं सोहणा यार जदोकणा रूठ गया

376

एस घुंड विच बहुत खवारियां ने अग लायके घुंड नूं साड़ीए नी
घुंड हुसन दी आब छुपा लैंदा वडे घुंड वाली रड़े मारीए नी
घुंड आशकां दे बेड़े डोब देंदा मैना ताड़ ना पिंजरे मारीए नी
तदों एह जहान सब नजर आवे जदों घुंड नूं जरा उतारीए नी
घुंड अनयां करे सुजाखयां नूं घुंड लाह मुंह उपरों लाड़ीए नी
वारस शाह ना दबिए मोतियां नूं फुल अग्ग दे विच ना साड़ीए नी

377

अखी सामने चोर जे नजर आवे क्यों दुख विच आपनूं गालिए वे
मियां जोगीया झूठियां करे गलां घर होण तां कासनूं भालिए वे
अग बुझी नूं ढेरिआं[3] लख दीजन बिना फूक मारी नहीं बालिए वे
हीर वेखके तुरत पछाण लया हस आखदी बात समालिए वे
सहती पास ना खोलना भेत मूले शेर पास ना बकरी पालिए वे
देख माल चुरायके पया मुकर राह जांदड़े कोई ना भालिए वे
वारस शाह मिलखाइयां माल लधा चलो कुजियां बदर[4] पिवालिए वे

378

केही दसी ए अकल सयाणयां नूं कदी नफर[5] कदीम[6] संभालीए नी
दौलतमंद नूं जाणदा सभ कोई नेहुं नाल गरीब दे पालीए नी
गिधीं बोल ढंडोरड़ा जग सारे जिउ समझ लै खेड़यां वालीए नी
वारस शाह है इशक दा गउतकिया[7] हुसन वालीए गरम निहालिए[4] नी

---

1. मार गया। 2. कमज़ोर हो जाना। 3. बुझ रही आग को फूंक मारकर जलाना।
4. कसम उठाना। 5. नौकर। 6. पुराना। 7. बड़ा सिरहाना।

379

सहती आखया एह मिल गए दोवें लई घत फकीर बलाइयां[1] नी
एह वेख फकीर निहाल होई जड़ियां एस नूं घत पिवाइयां नी
आखे हीर नूं मगज खपा नाहीं नी मैं तेरियां लवां बलाइयां नी
एस जोगड़े नाल तूं खोज नाही अनी भाबीए घोल घुमाइयां नी
मता घत जादू मते करे कमली गलां एसदे नाल की लाइयां नी
एह न खैन ना भिछया लवे दाने किथों कढीए दुध मलाइयां नी
डर आंवदा भूतने वांग इस तों किसे थां दियां एह बलाइयां नी
लै के खैर ते जा फरफेजिया[2] वे अतां रावला केहियां चाइयां नी
फिरे बहुत पखंड खलारदा तूं उथे केहियां वललियां[3] चाइयां नी
वारस शाह फकीर दी अकल किथे एह तां पटियां[4] इशक पढ़ाइयां नी

380

मैं अकलड़ा गल ना जाणदा हां तुसीं दोवें ननाण भरजाइयां नी
मालजादियां वांग बना तेरी पा बैठीए सुरम सलाइयां नी
पैर पकड़ फकीर दे देह भिछया अड़ियां कुआरीए केहीयां लाइयां नी
धयान रब्ब ते रख ना हो तती गुसे होण ना भलयां दीयां जाइयां नी
तैनूं शौक है तिन्हां दा भाग भरीए जिन्हां डाचियां मार चराइयां नी
जिस रब्ब दे असीं फकीर होए वेख कुदरतां उस वखाइयां नी
मेरे पीर नूं जाणदे मोयां गयां ताईं गालियां देनियां लाइयां नी
वारस शाह ओह सदा ई जिऊंदे ने जिन्हां कीतियां नेक कमाइयां नी

381

पते डाचियां दे पूरे लांवना एं देंदा मेहने शामतां दौड़ियां वे
मथा डाहयो ई नाल कुआरियां दे तेरियां लौंदियां जोगियां मौरियां वे
तेरी जीभ मवेसियां हथ आलत अते चितड़ी लड़दियां धौरियां वे
खैर मिले सो लए ना नाल मसती मगे दुध ते पान फलौरियां वे

1. आफतें। 2. कपटी। 3. उलट-पुल्ट। 4. सबक, अकल।

इक देन आटा इक टुक चपा भर देन ना चाटियां कोरियां[1] वे
एस अन्न नूं ढूंढ़दे ओह फिरदे चढ़न हाथीयां ते होन चोरियां वे
वडे कमलयां दी असां भंग झाड़ी एथे केहियां वललियां सोरियां वे
सोटा वडा इलाज कुपतयां दा तेरियां वारस भैड़ियां दिसदीयां तौरियां वे

382

बुरियां खौफ फकीर दे नाल पाइयां अठखेल बुरयार उटकियां ने
रातब खायके बीचरन[2] विच तिले मारन लत अराकियां[3] बकियां ने
इक भौंकदी दूसरी करे टिचकरां एह ननाण भाबी दोवे सकियां ने
एथे कई फकीर जहीर[4] होए खैर देंदियां देंदियां अकियां ने
जिन्हां डबियां पायके सिरी चाइयां रन्नां तिन्हां दियां उसकियां ने
नाले ढिड खुरकन नाले दुध रिड़कन अते चाटियां कीतीयां लकियां ने
झाटा खुरकदियां खंघदियां नक सुनकन मारन वाउके[5] चाढ़के नकियां ने
लोड़ हई जे चगियां होवने दी वारस शाह तों लओ दो फकियां ने

383

अनी देखो नी वासता रब्ब दा जे वाह पै गया नाल कुपतयां दे
मगर हलां दे चोबर ला दीजन अके छेड़ दीजन मगर कटयां दे
अके वाढियां लावियां करन चोबर अके डाह दीजन हेठ झटयां दे
एह पुरानियां लानतां हैन जोगी गधे वांग लेटन विच घटयां दे
हीर आखदी बहुत है शौक तैनूं बीड फाहे नाल ठटयां दे
वारस शाह मियां खहड़े नाह पईए कन पाटयां रब्ब दयां पटयां दे

384

भाबी! जोगी दे वडे कारने नी गलां नहीं सुनियां कन्न पाटयां दीयां
रोक बन्ह पल दुध दही पीवन वडिया चाटिया जोड़दे आटयां दीयां
गिठ गिठ नाखुन वाले रिछां वांगू पलमन लछियां लागड़ा पाटयां दीयां
वारस शाह एह मसत के पाट लथा रगां किरलयां वाग हनगाटयां दीयां

1. कुल्हड़। 2. हिनहिनाना। 3. इराकी घोड़े (जो बहुत उम्दा माने जाते हैं।) 4. परेशान।
5. गंदी हवा का निकलना।

385

एह मिसाल मशहूर जहान सारे जटी चारे ही थेक ही थाक सवारदी ए
ऊन तुम्बदी फम्मे जे नाल लेड़े चिड़ियां हाकरे लेलड़े चारदी ए
बन्न झेड़े फकीरां दे नाल लड़दी घर सांभदी लोकां नूं मारदी ए
वारस शाह दे लड़ने माशूक ऐथे मेरी संगली शगन विचारदी ए

386

मेरे हथ लौंदे[1] तेरी लवे टोटन[2] काई मारसीरा नाल मोहलयां दे
असीं घड़ांगे वांग कलबूत मोची करे चौड़ां वांग उललयां दे
मार इक चपेड़ ते दंद भन्नूं सुआद आउनी चुहलीया[3] बोल्लयां दे
वारस शाह तेरे घट वांग छड़ीअन नाल कुतकचां डंडयां ठलयां दे

387

तेरे मौर लौंदे फाट खान उते मेरी फुरकदी अज मुतैहर[4] है नी
मेरा कुतका[5] लवे ते तेरे चुतड़ अज दोहां दा वडड़ा भेत है नी
चिबड़[6] वांग तेरे बिउ कढ सुटां तैनूं आया है जोर दा कहर है नी
एस भेड दे खून तों किसे चिड़ के नाहीं मार लया कदी शहर है नी
उजाड़े खोर गधे वांगूं कुटिएगी तैनूं वढड़ी किसे दी विहर[7] है नी
वारस शाह ए मारदी रन्न कुती किसे छडावनी वेहड़े ते कहर है नी

388

असीं सबर करके चुप हो बैठे बहुत औखियां एह फकीरियां ने
नजर तले क्यों लिआवें तूं कन्न पाटे जैंदे हसदे ना जंजीनियां ने
जेहड़े दरशनी हुंडड़ी[8] वाच बैठे सब चिठियां उन्हां ने चीरिया[9] ने
तुसीं करो हया कुआरियो नी अजे दुध दियां दंदियां खीवियां ने
कही चंदरी लगी है आन मथे अखी भरदियां भौन भंबीरियां ने
मैं तां मार तलटिया[10] पट सटां मेरी उंगली उंगली पीरियां ने
वारस शाह फौजदार दे मारने नूं सैना सारियां वेख कशमीरियां ने

1. लगाना। 2. टूटना। 3. हँसी-मज़ाक। 4. डंडा। 5. डंडा। 6. फलदाना।
7. बगावत। 8. हुंडी। 9. खत, परवाना। 10. तली मारना।

389

सैनत मारके हीर ने जोगीड़े नूं कहया चुप कर एस भुकावनी हां
तेरें नाल जे एस ने वैर चाया मथा एसदे नाल मैं लावनी हां
करां गल गलायने नाल इसदे गल एसदे रेशटा[1] पावनी हां
वारस शाह मियां राजे यार अगे एसनूं कंजरी वांग नचावनी हां

390

हीर आखदी एस फकीर नूं नी केहा घतयो गैर दा वायदा नी
इनां आजजां नूं पई मारनी ए एस जीवने दा क्या फायदा नी
अल्ला वालयां नाल की बैर चायो भला कुआरीए एह बुरा कायदा नी
पैर चुम्म फकीर दे टहल कीजे एस कम्म विच खैर दा जायदा[2] नी
पिछों फड़ेंगी कुतका जोगिड़े दा कौन जानदा केहड़ा जायदा नी
वारस शाह फकीर जे होण गुसे खौफ शहर नूं कहर वबाय[3] दा नी

391

भाबी इक दरों लड़े फकीर सानूं तूं भी जिंद कढें नाल घूरियां दे
जे तैं हिंग दे निरख[4] दी खबर नाहीं काहे पुछीए भा कस्तूरियां दे
मैं तां पट पड़ावना नांह होवे काहे खीज करिये नाल भूरियां दे
इनां जोगियां दे काई वस नाहीं घते रिजक ने वायदे दूरियां दे
जान भाबीए नी फकर नाग काले हक मिलन कमाईयां पूरियां दे
कोई दे बद दुआ ते गाल कढे पिछों फायदे की इन्हां झूरियां दे
लुछू लुछू करदी फिरे नाल फकरां लुच चालड़े एहनां बंगूरियां दे
वारस शाह फकीर दी रन्न वैरन जिवें मिरग ने वैरी अगूरियां दे

392

भाबी करे रिआयतां जोगी दियां हथीं सचियां पा हथौड़ियां नी
जेहड़े डंड वखायके करे आकड़ मैं तां पटसां एहदियां चौड़ियां नी
गुरु एसदे नूं नहीं पहुंच एथे जिथे अकलां साडियां दौड़ियां नी
मार मोहलियां ते सटां भन्न टंगां फिरे ढूंढ़दा काठ कठोरियां[5] नी
जिन्न भूत ते देउ दी अकल जाये तदों मारके उठीए छौढ़ियां नी
वारस शाह फकीर दे नाल लड़ना कपन जैहर दियां गदलां कौड़ियां नी

1. झगड़ा। 2. मुनाफा। 3. महामारी का प्रकोप। 4. भाव। 5. बैसाखियां।

393

हाय हाय फकीर दे नाल बोले बुरे सहतिये तेरे अपौड़[1] होए
जिन्हां नाल फकीर दे अड़ी बधी सने माल ते जान दे चौड़ होए
मन पाटयां नाल किस जिद बधी पस पेश[2] थी अत नूं दौड़ होए
रहे औंत नखसमी रन्न सुन्नी जेहड़ी नाल पलंगां दे कौड़ होए
एहो जेहयां नूं छोड़ीए मूल नाहीं जानां इशक ते फकर दे दौर होए
वारस शाह लड़ाई दा मूल बोलन वेखो दोहां दे ओढ़ ते पौड़ होए

394

भाबी एस जे गधे दी अड़ी अधी असीं रन्नां भी चैंचल हारियां हां
देह मारया एस जहान ताजा असीं रोज मीसाक[3] दियां मारियां हां
जे एह जिद दी छुरी है हो बैठा असीं रन्नां भी तेज कटारियां हां
एह गुंडयां विच है पैर धरदा नहीं बांकियां एस तों डारियां हां
मरद रंग महल हन इशरतां[4] दे असीं जौक[5] दे मजे दियां नारियां हां
एस चाक दी कौन मजाल है नी राजे भोज थीं असीं ना हारियां हां
वारस शाह विच हर सफैदपोशां असीं होली दे रंग पिचकारियां हां

395

जिनां नाल फकीर दे अड़ी बधी हथ धो जहान थी चलियां ने
आ टलीं कुआरिये डारिये नी केहियां चाइयां धजां अवलियां ने
होवे शर्म हया उनां कुआरियां नूं जेड़ियां नेक सोहबत विच रलियां ने
कारे हथियां कुआरियां वेहु भरियां भला क्यों कर रहन नचलियां ने
मुनस मंगदियां जोगिया नाल लड़के राती औखियां होण अकलियां ने
पिछे चरखड़ा रूल है सड़न जोगी कदे चार ना लाहियो छलियां ने
जिथे गभरू होण जा खहे उथे परे मारके बहे पथलियां ने
टल जाह फकीर तों गुंडीए नी आ कुआरिये राहां कयों मलियां ने

1. बंजर जमीन। 2. बहाना। 3. अजल का दिन, कायनात का पहला दिन। 4. ऐश, मस्ती। 5. शौक।

396

भला दस भाबी केहा वैर चायो भईया पिटड़ी नूं पई लूहनी एं
अनहोईयां गलां दे नाउं लै के घा अलड़े पई खडूहनी एं
आप छाननी छेकदी दूसरी नूं ऐवें कंडयां तों पई धूहनी एं
सोहणी होई नाहीं तूं तां गजब चाया खून खलकदा पई नचूंहनी एं
आप चाक हंडायके छड आइएं हुण खलक नूं पई वडूहनी एं
आख भाई नूं हुणे चंडा छडूं जेहे असां नूं मेहणे लूहनी एं
आप कमली लोकां दे लाग लाए खचर वादियां दी वडी खूहनी एं
वारस शाह कहे बघयाड़ीए नी मुंडे मोहनी ते झोटे दोहनी एं

397

खुआर खजलां रूलदियां फिरदियां सी अखीं वेखदयां होर दियां होर होइयां
आप दुध दियां धोतियां नेकबख्तां अगे चोर दे असी नी चोर होइयां
चोर चौधरी गुंडी परधान कीती ए उलट अवलायां जोर होइयां
बद-जेब[1] तों कोझियां भैड़ मूंहियां अगे हुसन दे बागदियां मोर होइयां
एह चुगल बलोचां दी टुंब डिठी जिमा दोज घूठी मनखोर[2] होइयां
एहदी बनत देखो नाल नखरयां दे मालजादियां[3] विच लहौर होइयां

398

लड़े जट ते कुटीए डूम नाई सिर जोगीड़े दे गल आइया ई
आ कढीए वढीए एह फसता जग धूड़ काई एस पाइया ई
एसा मार मंतर वैर पा दिता चानचक दी पई लड़ाइयां ई
हीर नहीं खांदी मार असां कोलों वारस गल फकीर ते आइयां ई

399

सहती आखया उठ खेल बांदी खैर पा फकीर नूं कडीए नी
आटा घतके ते देईए बुक चीनी विचों अलख फसाद दी वढीए नी
देह भिछया वेहड़यों कढ आईए होड़ा विच बरूहां दे गडीए नी
अमां आवे ते भाबी तों वख होईए साथ ऊठ बलद दा छडीए नी
जेहड़ा आकड़ां पया वखांवदा ए जरा वेहड़यों एसनूं कढीए नी
वारस शाह दे नाल दो हथ करीए अनी उठ तूं सार दीए हडीए नी

1. भोंडा, कुरूप। 2. मनमर्ज़ी। 3. कंजरिआं।

400

बांदी हो गुसे चुप हो रही बुक चीने दा चा उलेरया सू
धरोही रब्ब दी खैर लै जा चाका हाल हाल कर पलुड़ा[1] फेरया सू
बांदी लाड दे नाल चवा[2] करके धका दे के नाथ नूं रढ़या सू
लैके खपरा[3] चोबरा जाह विचों उस सुतड़े नाग नूं छेड़या सू
दे के छिबी[4] गल विच पशम पटी हथ जोगी दे मुंह ते फेरया सू
वारस शाह फरंग[5] दे बाग बड़के उस कला दे खूह नूं गेड़या सू

401

रांझा वेखके बहुत हैरान होया पइयां दुध विच अवदियां फाड़ियां ने
गुसे नाल जो हशर नूं जिमी उते जिउ विच कलीलियां[6] चाड़ियां ने
चीणा[7] चोग चमूनयां[8] पायो ई मुन्न चलीए गोलीए दाढ़ियां ने
जिसते नबी दा रवा दरूद[9] नाही अखीं फिरन ना मूल उघाड़ियां ने
जैदा पवे परावना नांह मडा पंड नांह बझे विच साड़ियां ने
डुब मोए नी कासथी[10] विच चीने वारस शाह ने बोलियां मारियां ने

402

नैणूं योशबां अते अभोल घोगा डुबे आपणो आपणी वारियां नी
आवे भिखया घतियो आण चीना नाल फकर दे घोलयो यारियां नी
ओह लोहड़ा वडा कहर होया कम डोब सटया इनां लाड़ियां नी
वारस खपरी चाए पलीत कीती पईयां धोनीयां सेलियां सारियां नी

403

चीना रब्ब ने रिजक बना दिता ऐब घरी ना त्रखड़ी जुखयां दा
अन्न चीने दा खाईए नाल लसी सुआद आंवदा टुकड़यां रूखयां दा
बनन पिंनीयां एसदे चावलां दीयां माई बाप है नगयां भुखयां दा
वारस शाह मियां नवां नजर आया एह चालड़ा लुचयां खुचयां दा

1. कपड़े की कन्नी। 2. छेड़खानी। 3. भिक्षा पात्र। 4. डराना। 5. अंगरेज।
6. कचीची। 7. अनाज। 8. कीड़े। 9. दुआ। 10. जुलाहा।

404

चीना खैर देना बुरा जोगियां नूं मछी भाबड़े[1] नूं मास बाहमणा नी
कैंफ[2] भगत काजी तेल खंघ वाले वढ सुटना लौंग पलामणा[3] नी
जहर जीऊंदे नूं अन सन वाले पानी हलकयां नूं धरन साहमणा नी
वारस शाह जिउं संखिया चूहियां नूं संख मुलां नूं राग जयों बाहमणा नी

405

क्यों विगड़के तिगड़के पाट पयों अन्न आबिहयात है भुखयां नूं
बुढा होवसे जिंद जां रहन टुरनों फिरे ढूंढ़दा टुकड़यां रूखयां नूं
किते रन्न घर बार ना अडया ई अजे फिरे चलांवदा तुकया नूं
वारस शाह अज वेख जे चढ़ी मस्ती इनां लुंडयां भुखदयां सुकयां नूं

406

जोगी गजब दे सिरे ते सट खपर पकड़ उठया मारके छोड़या ई
लै के फाबड़ी घुलन तयार होया मार वेहड़े दे विच अपौड़िया ई
साड़ बालके जिऊ मूंखाक कीता नाल कावडां[4] दे जट कौड़िया ई
जेहा महर दे हथ दा बान-भुचर[5] वारस शाह फकीर ते दौड़िया ई

407

हथ चाय मुतहिर ते कड़किया ई तैनूं आवंदा जग सभ सुंझ रन्ने
चावल नयामतां कणक तूं आप खावे खैर देन ते कीतियां खुंझ रन्ने
खड़ देह चीना घर खावदां दे नहीं मारके करूंगा मुंज रन्ने
पट चिडबियां चौड़ियां घत सुटू ला बहें जे वैर दी चुंझ रन्ने
सिर फौहड़ी मारके दंद झाडूं टगां भन्नके करूंगा लुंज रन्ने
तेरी बरी सूई हुने फोल सुटां बैठी रहेंगी उंज दी उंज रन्ने
वारस शाह सिर चाढ़ वगाड़ीए तूं हाथी वांग मैदान विच गुंज रन्ने

408

वांदी हो के चुप खलो रही ऐं सहती आखदी खैर ना पायो कयों
एह तां जोगीड़ा नीच कमजात कंजर, एस नाल उठ भैड़ मचाया कयों
आप जा के देह जे हई लैंदा घर मौत ऐ घत फसायो कयों

1. एक जात। 2. नशा। 3. लटकना।
4. गुस्सा। 5. मोटा-पला हुआ कुत्ता।

मेरी पान पत एस ने लाह सुटी जान बुझ बेशरम करायो कयों
मैं तां एसदे हथ विच आन फाथी मास शेर दे हथ फहायो कयों
वारस शाह मियां एस मोरनी दे दुआले लाएके बाज छुडायो कयों

409

झाटा पटके मेढियां खोह सुटूं गुतों पकड़के देऊं विलावड़ा[1] नी
जे तां पिंड दा खौफ वखावनीएं लिखां पशम[2] ते एह गिरावड़ा नी
तेरा असां दे नाल मुदापड़ा ए नहीं होवना सहज मिलावड़ा नी
लत मारके छडूंगा चाए कुबन[3] कढ आई ए ढिड जिउं तावड़ा नी
सने बांदी कुआरी दे मिझ कढूं निकल जाणगिआं सहिती दीयां चावड़ा नी
हथ लगे तां सटूंगा चीर रन्ने कढ लऊंगा सारियां कावड़ा नी
तुसीं त्रैए घुलाटड़ा जानना हां कडूं दोहां दा पोसत पोसतावड़ा नी
वारस शाह दे मोढयां चढ़ीए तूं निकल जाये जवानी दा चावड़ा नी

410

हीरे करां मैं बहुत हया तेरा नहीं मारां सू पकड़ पथलके नी
सभो पान पत एस दी लाह सटां लख वाहरां दये जे घलके नी
जेहड़ा मार चतौड़ गढ़ शाह अकबर ढाह मोरचे लए मुचलके नी
जिउं जिउं शरम दा मारया चुप करां नाल मसतियां आंवदी चलके नी
तेरी पकड़ संघी जिंद कढ छडां मेरे खुस ना जाणगे तुलके नी
भला आख की खटना वटना एं वारस शाह दे नाल पिड़ मलके नी

411

बोली हीर मियां पा खाक[4] तेरी पिछे टुटियां असीं परदेसनां हां
पयारे विछड़े चोप[5] ना रही काई लोकां वांग ना मिठियां मेसनां हां
असीं जोगीया पैरां दी खाक तेरी नहीं झूठियां ते मल खेसनां हां
नाल फकर दे करां बराबरी कयों असीं जटियां हां कि कुरेसनां[6] हां

---

1. पटखनी। 2. परवाह ना करना। 3. दूध। 4. चरन-धूल।
5. खुशी। 6. कुरैश हज़रत मुहम्मद के कबीले का नाम।

412

नवी नोचिए गुझिए यारने नी कारे हथीए चाक दिये पयारीए नी
पहले कम सवार हो बहे नियारी बेली घर लै जाए तूं डारीए नी
आप भली हो बहें ते असीं बुरियां करे खचरपो[1] रूप शिंगारीए नी
आ जोगी नूं लईं छुडा साथों तुसां दोहां दी पैज सवारीए नी
वारस शाह हथ फड़े दी लाज हुंदी साथ करीए ते पार उतारीए नी

413

सहती हो गुसे चा खैर पाया जोगी वेखदयां ही तुरत रज पया
मुंहों आखदा रोह दे नाल यारो कटक खेड़यां दे भावें अज पया
एह लै मकरियां ठकरियां रावला वे काहे वाचना एं ऐडा कुचज पया
ठूठे विच सहती चीना घत दिता जोगी दे कालजे वज फट पया
हथों छड जंबील[2] चां जिमी मारे चीना डुल गया ठूठा भज पया
वारस शाह शराब खराब होया शीशा संग[3] ते वज के भज पया

414

खैर फकर नूं अकल दे नाल दीजे हथ सभल के बुक उलारिए नी
कीजे ऐड हंकार ना जोबने दा मान मतीए मस्त हंकारीए नी
कीजे हुसन दा मान ना भाग भरीए छल जासिया रूप विचारीए नी
ठूठा भन्न फकीर दा पटयो ई शाला यार मरे रन्ने डारीए नी
मापे मरन हंकार भज पवे तेरा अनी पिटन दीए वणजारीए नी

415

घोल घतिआं यार दे नाम उतों जोगी मुख संभाल हतयारया वे
तेरे नाल की असां है बुरा कीता हथ ला तैनूं नहीं मारया वे
मनों सुनदयां पुने तूं यार मेरा एह कहर कीतो लोहड़े मारया वे
रूग आटे दा होर लै जा साथों कोई वधे फसाद बुरयारया वे
तैथे आदमगरी[4] दी गल नाही रब्ब चा बथुन[5] उसारया वे
वारस किसे असाडे नूं खबर होवे ऐवें मुफत विच जायेगा मारया वे

1. खचरापन। 2. चमड़े का प्याला। 3. पत्थर।
4. मानवता। 5. बेढब्बा शरीर।

416

जे तूं पोल कढावना नहीं आह ठूठा फकर दा चा भनाईए कयों
जे तैं कुआरियां यार हंढावना सी तां फिर मापयां कोलों छिपाईए कयों
खैर मंगीए ते भन्न देन कासा[1] असीं आखदे मुंहों शरमाईए कयों
भरजाइयां नूं मेहना चाक दा सी यारी नाल बलोच दे लाईए कयों
बोती हो बलोचां दे हथ आईए जढ़ कुआर दी चा भनाईए कयों
वारस शाह जां आकबत[2] खाक होना एथे अपनी शान वधाईए कयों

417

जे कोई जंमया मरेगा सभ कोई घड़या भजसी वाह सभ वहनगे वे
मीर पीर वली गौसा कुतब जासन एह सभ पसारड़े ढहनगे वे
जदों रब्ब अमाल[3] दी खबर पुछे हथ पैर गवाहियां देनगे वे
जदों उमर दी आन मिआद पुगी अजराईल होरी आ वहनगे वे
भन्ने ठूठे तों एड वधा करना बुरा तुध नूं लोक सभ कहनगे वे
जेहा बुरा तूं बोलया रावला वे हड पैर सजाइयां लैनगे वे
कुल चीज फनाह हो खाख वैसी सावत वली अलाह दे रहनगे वे
ठूठा नाल तकदीर दे भज पया वारस शाह होरी सच कहनगे वे

418

शाला कहर खुदाई दा पेश आवे ठूठा भन के लाड शंगारनी ए
लंक सुकीए रन्ने कलकड़े नी माड़ा वेख फकीर नूं मारनी ए
नाले मारनी ए नक चाढ़नी एं नाले हाल ही हाल पुकारनी ए
मरे हुकम दे नाल तां सब कोई बिना हुकम दे खून गुजारनी ए
बुरा नाल जे बोल के बुरे होईए असीं बोलने हां तां तूं मारनी ए
ठूठा फेर दरुसत कर दे मेरा होर आख की सच नतारनी ए
लोक आखदे हन एह कुड़ी कुवारी साडे बाब दी धाड़वी मारनी ए
एडे फंद फरेब हन याद तैनूं मुरदारां दे सिर मुरदारनी ए
घर वालीए वौहटिए बोल तूं भी केही सोच विचार विचारनी ए
सवा मनों मुतहिर[4] पई फुरकदी ए किसे यारनी दे सिर मारनी ए
इक चोर ते दूसरी चतर बनियों वारस शाह तों पुछ के हारनी ए

1. प्याला। 2. परलोक। 3. करम। 4. सोटा।

419

हीर आखया एह चवाई[1] केहा ठूठा भन्न फकीर नूं मारना की
जिन्हां इक अलाह दा आसरा ए उनां फकरां दे नाल काहढ़ना की
जेहड़े कन्न पड़ा फकीर होए भला ओहनां दा पड़तना[2] पाड़ना की
थोड़ी गल दा बहुत वधान करके सौरे कम्म नूं चा वगाड़ना की
मेरे बूहे ते फकर नूं गारया ई वसदे घरां नूं चा उजाड़ना की

420

भला आख की आनिए नेक पाके जैदे पलू ते पढ़न नमाज आई
घर बार तेरा असीं कौण कोई जापे लद के घरों जहाज आई
नढे मोहनिए झोटे दोहनिए[3] नी अजे तीक ना इक थी बाज आई
वारस शाह जवानी दी उमर गुजरी अजे तक ना हिरस थीं बाज आई

421

एस फकर दे नाल की वैर चाया उधल जावसैं तै नहीं वसना ई
ठूठे भन्न फकीरां नूं मारनी एं अगे रब्ब दे आख की दसना ई
तेरे कुआर नूं खुआर संसार करसी एह जोगी दा कुझ ना खसना ई
नाल चूहड़े दे खतरी घुलन लगा वारस शाह फिर मुलक ने हसना ई

422

तेरे जेहियां लख पढ़ाइयां मैं ते उडाइयां नाल अंगूठयां दे
तैनूं सिध कामल वली गौस दिसे मैंनूं ठग दिसे भेस झूठयां दे
साडे खौंसड़े[4] नूं नहीं याद चोबर भावें ढेर लावे भन्न ठूठयां दे
एह मस्त मलग मैं मसत एदूं ऐसे मकर हैं टुकड़यां जूठयां दे
वारस शाह मियां नाले चुआड़ियां दे लिंग[5] सेकिये चोबरां घूठयां दे

423

कजल पूछलां[6] वालड़ा घत नैनां जुलफां कुंडलां दार बलावनी ए
नीवियां पटीयां मुख पलमा जुलफां गुजां घतके लानतां लावनी ए
जेवर आशकां नूं दिखलावनी ते नित वेहड़े दे विच छनकावनी ए

1. बोल-कबूल। 2. परदा। 3. दूध दुहना।
4. जूती। 5. अंग। 6. सुरमे की लकीर।

बांकी फब रहिंदी चोली बाफते[1] दी उते कहर दियां अलियां[2] लावनी ए
ठोडी गाल ते पायके खाल खूनी राह जांदड़े मिरग फहावनी ए
जिनां नखरयां नाल भरमांवनी ए किसे गल तों नहीं शरमवानी ए
मल वटना लोहड़ दंदासड़े दा जरी बादला पट हंडावनी ए
तेड़ घगरा पायके पट वाला कूंजां[3] घतके लावना[4] लावनी ए
नवां वेस ते वेस बनावनी ए लवे फेरियां ते चमकावनी ए
नाल हुसन गुमान दे पलंघ बहके हूरां परी दी भैण सदावनी ए
महिंदी ला हथी पहन जरी जेवर सुहन मुरग दी शान गवावनी ए
पैर नाल चबा दे चावनिए लाड नाल गहने छनकावनी ए
वेख होरनां नक चढ़ावनी ए बैठी पलंघ ते लूतियां लावनी ए
पर असीं भी नहीं हां घट तैथों जे तूं आप नूं छैल सदावनी ए
साडे चन्न सरीर मथलियां दे सानूं चूहड़ी तूं नजर आवनी ए
नाडू शाह दी रन्न हो पलंघ बहके साडे जिउ विच मूलना भावनी ए
तेरा कम्म ना कोई विगाड़या ए ऐवें जोगी दी टंग भनावनी ए
तेरा यार आया असां नांह भावें अते हीर की मुंहों अखावनी ए
सभ अड़तने पड़तने साड़ सटूं ऐवें शेखियां पई जगावनी ए
वेख जोगी नूं मार खुदेड़ कढूं किवें उसनूं आन छुडावनी ए
तेरे नाल जो करांगी मुलक वेखे जेहे मेहने लूतीयां लावनी ए
ऐसे गल विचों तुध चाहवना की वारस शाह दा मगज खपावनी ए

424

भला कुआरीए सांग क्यों लावनी ए चिबे होठ क्यों पई बनावनी ए
भला जोगी नूं पई भरमावनी ए अते जी क्यों पई लमकावनी ए
लगे वस तां हुणे कटवानी ए सड़ी होई क्यों लूतियां लावनी ए
ऐडी लटक दे नाल क्यों करे गलां सैदे नाल नकाह पढ़ावनी ए
वारस शाह दे नाल उठ जाह ऊधल केहियां पई बुझारतां पावनी ए

1. रेशमी कपड़ा। 2. फूल। 3. कड़ाई के फूल। 4. कोर।

425

सहती सने लौंडी[1] हथ पकड़ मोहली जैंदे नाल छड़ेंदियां चावले नूं
गिरद आन होई वांग जोगनां दे खूब फंड चाढ़ी ओस रावले नूं
खपर सेलियां तोड़के गिरद होईयां ढाह घतयो ने सोहने सावले नूं
अंदर वाड़के हीर नूं मार कुंडा बाहर कुटयो खूब लटवावले नूं
घड़ी घड़ी नालों इको मार मारी उन्हां तकया सी इस लावले नूं
वारस शाह मियां नाल मुहलयां दे ठडा कितो ने कस उतावले नूं

426

दोहां वट लंगोटड़े लई मुहली कारे वेख लौ मुंडयां मोहनियां दे
निकल झट[2] कीता सहती रावले ते दासे भनयों ने नाल थोहनियां दे
जट मार मधानियां पीह सटया भनया नाल दुध दोहनियां[3] दे
नवाब हुसैन खां दे जिवें नाल लड़या वूसमंद[4] हैसी विच चूहनियां[5] दे

427

रांझा खायके मार फिर गरम होया मार मारया भूत फतूर दे ने
वेख परी दे नाल खम[6] मारया ए उस फरिशते बैत मामूर[7] दे ने
कमर बन्न के पीर नूं याद कीता लाई थापना मलक हजूर दे ने
डेरा बखशी दा मारके लुट लया फते पाई पठान कसूर दे ने
वारस शाह जां अंदरों गरम होया लाटां छटियां ताओ तनूर दे ने

428

दोवें मरद सवारियां रावले ने पंज सत पहौड़ियां लाइयां सू
गलांह पुट के चोलियां करे लीरां हिकां भन्न के लाल कराइयां सू
नाले तोड़ झंझोड़ के पकड़ गुतों दोवें वेहड़े दे वचि भवाइयां सू
खोह चूंडियां गलां ते मार नौहदर दो धौन दे मुढ चा लाइयां सू
जेहा रिछ कलंदरां घोल हुंदा सोटे चितड़ी ला नचाइयां सू
गिटे लक ठकोर के पकड़ तरगो[8] दोवें बांदरी वांग टपाइयां सू
जोगी वासते रब्ब दे बस कर जाह हीरे अंदरों आख छुडाइयां सू

1. नौकर। 2. झपटना। 3. चाटा। 4. लाहौर का सूबेदार। 5. एक जगह का नाम।
6. पट्टों पर हाथ मारना। 7. खाना काबा। 8. जानवर के चूतड़।

429

उन्हां छुटदियां हाल पुकार कीती पंज सत मुशटंडियां आ गईयां
वांग काबली कुतियां गिरद होइयां दा दा अलल-हिसाब[1] लगा गईयां
उन्हां अक के धक्के रख अगे घरों कढ के ताक चढ़ा गईयां
धके दे के सट पलट उसनूं होड़ा बड़ा मजबूत फसा गईयां
बाज तोड़के ताबयों[2] लाहयों ने माशूक दी दीद हटा गईयां
सूबेदार तगयार[3] नूं ढा छडया वडा जोगी नूं वायदा पा गईयां
अगे वांग ही नवीयां फिर होइयां वेख भड़कदी ते तेल पा गईयां
घरों कढ अरूडी ते सुटया ने बहिश्तों कढ के दोजके पा गईयां
जोगी मसत हैरान हो दंग रहया केहा जादूड़ा घोल पिला गईयां
अगे ठूठे नूं झूरदा खफा हुंदा उते होर पसार बना गईयां
वारस शाह मियां नवां सिहर[4] होया परियां जिन्न फरिशते नूं ला गईयां

430

घरों कढया अकल शहूर[5] गया आदम जनतों कढ हैरान कीता
सजदे वासते अरश तों मिले धके जिवें रब्ब ने रद शैतान कीता
शदाद[6] बहिश्त थीं रहया बाहर नमरूद[7] मछर परेशान कीता
वारस शाह हैरान हो रिहा जोगी जिवें नूर हैरान तुफान कीता

431

हीर चुप बैठी असीं कुट कढे साडा वाह पया नाल डोरयां[8] दे
उह वेलड़ा हथ ना आंवदा ए लोक दे रहे लख ढंडोरयां दे
इक रन्न गई दूज धन गया लोक मारदे नाल निहोरयां दे
धीयां राजयां दे नोहां डाढियां दियां कीकूं हथ आवन बिनां जोरयां दे
असीं खैर मंगया ओनां वैर कीता मैंनूं मारया दे नाल निहोरयां दे
वारस डाडयां दे सौ सत वीहां हाड़े रब्ब दे अगे कमजोरयां दे

1. क्रमवार। 2. शिकार। 3. तबदील। 4. जादू। 5. सूझ-बूझ।
6. एक ज़ालिम बादशाह। 7. एक बादशाह का नाम। 8. मूर्ख लोग।

432

घूआं हूंझदा रोयके आह मारे रब्बा मेलके यार विछोड़यो कयों
मेरा रढ़े जहाज सी आन लगा बने लायके फेर मुड़ बोढ़यो कयों
कोई असां थी वडा गुनाह होया साथ फजल दा लदके मोड़यों कयों
वारस शाह इबादतां छडके ते दिल नाल शैतान दे जोड़यो कयों

433

मैंनूं रब्ब बाझों नहीं तांघ काई सभ डंडियां[1] गमां ने मलियां नी
जिथे सिंह बुकन शूकन नाग काले बघयाड़ घतन नित जलियां[2] नी
सारे देस ते मुलक दी सांझ टुटी साडियां किसमतां जंगलीं चलियां नी
चिला[3] कट के पढ़ां कलाम डादी भीड़ां वजियां आन अवलियां नी
कीतियां मेहनतां आशकां दुख झागे रातां जांदियां हैन अकलियां नी

434

रोंदा कासनूं बीर बतालिया[4] वे पंज पीरां दा तुध मिलाप मियां
ला जोर ललकार तूं पीर पजे तेरा दूर होवे दुख पाप मियां
जेहड़े पीर दा जोर है तुध ताईं करो उसदा रात दिन जाप मियां
जोर आपना फकर नूं याद आया बाल नाथ मैंडा गुरु बाप मियां
वारस शाह भुखा पया रोवे बैठा दए उन्हां नूं वडा सराप मियां

435

करामात लगायके शहर फूकां जड़ां खेड़यां दियां मुढों पट सुटां
फौजदार वांगूं दयां फूक अगा कर मुलक नूं चौड़ चपट सुटां
नाल फौज नाही पकड़ कुआरियां नूं हथ पैर ते नक कन कट सुटां
सहती हथ आवे पकड़ चूंडियां तों वांग टाट दी तपड़ी छट सुटां
पंज पीर जे बौहड़न आन मैंनूं दुख दरद कजीअड़े पट सुटां
हुकम रब्ब दे नाल मैं काल जीभा मगर लग के दूत नूं चट सुटां
होवे पार समुंदरों हीर जटी बुकां नाल समुंदर नूं छट सुटां

---

1. राह। 2. नाचना। 3. चालीस दिन। 4. बे-सुरा।

436

दिल फिकर ने घेरया बंद होया रांझा जीऊ गोते लख खा बैठा
हथों हूंझ धुआं सिर चा टुरया काले बाग विच ढेर मचा बैठा
अखीं मीटके रब्ब दा धयान धरया चारों तरफ ही धूनियां ला बैठा
वट मारके चारों तरफ उची उथे वलगना[1] खूब बना बैठा
असां कूच कीता रब्ब सच करसी एट आख के डील जगा बैठा
भड़की अग जां ताओ ने ता कीता इशक मुशक विहायके जा बैठा
विच संघनी छां दे ला ताड़ी वांग बड़े तपसियां आ बैठा
वारस शाह उस वक्त नूं झूरदा ए जिस वेले अखियां ला बैठा

437

मीट अखियां रखियां बंदगी ते घते जालयां चिले विच हो रहया
करे आजजी[2] विच मराकबे[3] दे दिन रात खुदा ते रो रहया
विच याद खुदा दे महव रहिंदा कदे बैठ रहया कदे सो रहया
वारस शाह न फिकर कर मुशकलां दा जो कुझ होवना सी सो कुझ हो रहया

438

रांझा वांग ईमान शराबियां दे जुदा होयके पिंड थी बाहर रहया
नैनां तेरयां जट नूं कतल कीता चाक होय के खोलया चार रहया
अंत कन्न पड़वा फकीर होया घत मुंदरां विच उजाड़ रहया
ओहनूं वतन ना मिले तूं सतर खाने थक टुटके अंत नूं हार रहया
तैनूं चाक दी आखदा मुलक सारा एवें उसनूं मेहना मार रहया
शकरगंज मसऊद मैंदूद वांगू ऊहना नफस[4] दी हिरस नूं मार रहया
सिधा नाल तवकली[5] ठल बेड़ा इके विच डुबा इके पार रहया

439

आकी हो बैठे असीं जोगीअड़े जाह ला लै जोर जो लावना ई
असी हुसन ते हो मगरूर बैठे चार चशम दा कटक लड़ावना ई
लख जोर तूं ला जे लावना ए असां बदीयों बाझ ना आवना ई

1. घेरना। 2. लाचारी। 3. समाधि। 4. तृष्णा। 5. भरोसा।

सुरमा अखियां दे विच पा के ते असां वडा घमंड दखावना ई
रुख देके यार पयारड़े नूं सैदा रांझे दे नाल लड़ावना ई
ठंडा होए बैठा सैदा वांग दहसर[1] सोएन लंक नूं उस लुटावना ई
रांझे कन्न पड़ायके जोग लया असां जजीया जोग ते लावना ई
वारस शाह बाग विच जा बैठा असां हासला बाग दा पावना ई

440

आकी होयके खेड़यां विच वड़ीए आशक हुसन दे वारसी जटीए नी
पिछा अंत नूं देवना होय जिसनूं झुगा उसदा कासनूं पटीए नी
जेहड़ा वेखके मुख निहाल होवे कीजे कतल ना हान पलटीए नी
एह आशक वेल अंगूर दी ए मुढों एसनूं ला पटीए नी
एह जोबना नित ना होवना ए पैर यार दे धोयके चटीए नी
लैके सठ सहेलियां विच बेले तूं ते धांवदी सैं नित जटीए नी
पिछा ना दीजे सचे आशकां नूं जो कुझ जान ते बने सो कटीए नी
दावा बन्नीए ते खड़यां हो लड़ीए तीर मारके पिछां ना हटीए नी
अठे पहर वसारीए नहीं साहिब कदे होश दी अख तरटीए नी
जिन्हां कौंत भुलाया छुटडां ने लख मौलियां महिंदीयां घतीए नी
वारस चाट तोतड़े[2] नूं पिछों कंकरी रोड़ ना सटीए नी

441

जिवें मुरशदां पास जा डिगन तालब तिवें सहती दे पांवदी हीर फेरे
करीं सभ तकसीर मुआफ मेरी पैरी पवां ते मन्नीए नाल मेरे
बखशे नित गुनाह खुदा सचा वंदे असंख गुनाह दे भरन बेड़े
वारस शाह मनावड़ा असां आंदा साडी सुलह कराएगा नाल तेरे

442

असां किसे दे नाल नहीं कुझ मतलब सिरो पा लै के खुशी हो रहे
लोकां मेहने मार बेपती कीती मारे शरम दे अदरी रो रहे
गुसे नाल एह वाल पैकान[3] वांगू साडे जिसम दे तीर खलो रहे
वारस शाह ना संग नूं रंग आवे लख सूहे जे विच डबो रहे

1. रावण। 2. तोता। 3. तीर।

443

हीर आन जनाब विच अरज कीती नयाजमंदां[1] दियां बखश मरगोलियां नी
सानूं बखश गुनाह तकसीर सारी जो कुझ लड़दयां तुधनूं बोलियां नी
अछी पीड़ वंडावनी भैण मेरी तैथों वार सुटां घोल घोलियां नी
मेरा कम कर मुल लै बाझ दंमां जो कुझ आखसै मैं तेरी गोलियां नी
घर बार ते माल ज़र हुकम तेरा सभ तेरियां ढाडीयां खोलियां नी
मेरा यार आया चल वेख आईए पई मारदी सैं नित बोलियां नी
जिस जात सफात चुधराई छडी मेरे वासते चारियां खोलियां नी
जेहड़ा मुढ कदीम दा यार मेरा जिस चूंडिया कुआर दियां खोलियां नी
वारस शाह गुमान दे नाल बैठा नहीं बोलदा मारदा बोलियां नी

444

पया लानत दा तौक शैतान दे गल ताहीं रब्ब ने अरश ते चाढ़ना ई
झूठ बोलया जिनां वयाज खाधा तिनां विच बहिश्त ना वाड़ना ई
असी जिउ दी मैल चुका बैठे वत करां ना सीऊना पाड़ना ई
सानूं मार लै भाईअड़ां पिटयां नूं चाढ़ सेज उते जिसनूं चाड़ना ई
अगे जोगी तों मार मुकाया ई हुण होर की पड़तना पाड़ना ई
घर बार तों चा जवाब दितो होर आख की सच नितारना ई
मेरे नाल ना वारसा बोल एवें मते हो जाए कोई कारना ई

445

आ सहतीए वासता रब्ब दा ई नाल भाबियां दे मिठा बोलीए नी
होईए पीड़ वंडावड़े शहदियां दे जहर बिछूआं वांग ना घोलीए नी
कम बंद होवे परदेसियां दा नाल मेहर दे गंड नूं खोलीए नी
तेरे जही ननान हो मेल करनी जिऊ जान भी उस तों घोलीए नी
जोगी चल मनाईए बाग विचों हथ बन्न के मिठड़ा बोलीए नी
जो कुझ कहे सो सिरे ते मन लईए गमी शादियों मूल ना डोलीए नी
चल नाल मेरे तूं तां भाग भरीए मेल करनीए विच वचोलीए नी
वारस मेरा ते रांझे दा मेल होवे खंड दुध दे विच चा घोलीए नी

1. गरीब।

446

जिवें सुबह दी कजा[1] नमाज हुंदी राजी हो इबलीस[2] भी नचदा ए
जिवें सहती दे जिउ विच खुशी होई दिल रन्न दा छला कच दा ए
जाह वखशया सभ गुनाह तेरा तैनूं इशक कदीम तों सच दा ए
वारस शाह चल यार मना आईए एथे नवां अखारड़ा मचदा ए

447

सहती खंड मलाई दा थाल भरया चा कपड़े विच लुकाया ए
जेहा विच नमाज विशवास[3] गैबों अजराईल[4] बना लै आया ए
उते पंज रुपये सू रोक रखे जा फकर ते फेरड़ा पाया ए
असीं रूहां बहिशतियां बैठयां नूं ताओ दोजखे दा किथों आया ए
तलब मींह दी वगया आन भुखड़ यारो आखरी दौर हुण आया ए
सहती बन्ह के हथ सलाम कीता अगों मूल जवाब ना आया ए
आमल[4] चोर ते चौधरी जट हाकम समां होर भी रब्ब विखाया ए

448

जदों खलक पैदा कीती रब्ब सचे बंदयां वासते कीते नी सभ पसारे
रन्नां छोकरे जिन्न शैतान रावल[5] कुता कुतड़ी बकरी ऊठ सारे
टोहां मूल फसाद दा होइयां पैंदा जिन्हां सभ जगत ते मूल धारे
आदम कढ बहिशत थी खुआर कीता ए तां डायनां धुरों ही करन कारे
एह करन फकीर चा रांझयां नूं इन्हां राजे ते राने ने सभ मारे
वारस शाह हैन हुनर विच मरदां अते महरियां विच नी ऐब भारे

449

सहती आखया पेट ने खुआर कीता कणक खा बहिशत थी कढया ए
आई मैल तां जनत तों मिले धक्के रसा आन उमैद दा वढया ए
आख रहे फरिशते कणक दाना नहीं खावना हुकम कर छडया ए
सगों आदम ने हव्वा नूं खुआर कीता साथ उसदा एस ना छडया ए
वारस किसे दा असां ना बुरा कीता ऐवें नाम जहान तों छडया ए

1. छिन जाना। 2. शैतान 3. वहम। 4. शैतान। 5. जोगी।

450

रन्न दहसरे[1] नाल जो गाह कीता राजे भोज नूं दन लगामियां ने
सिरकप ते नाल सलवान राजे वेख रन्नां ने कीतियां खामियां ने
मरद हैन जा रखदे हेठ सोट सिरी चाड़ियां उन्हां ने कामियां ने
वारस नही दाहड़ी नक कनपाटे कौन भरेगा तिन्हां दियां हामियां ने

451

जिस मरद नूं शरम न होवे गैरत उस मरद तों चंगियां तीवियां ने
घर सदा ई औरतां नाल सोंहदा शरमवंदते तरदियां बीवियां ने
इक हाल थी मस्त घरबार अदर इक हार शिंगार विच खीवियां ने
वारस हया[2] दी पहन चादर अखों नाल जमीन दे सीवियां[3] ने

452

वफादार ना रन जहान उते लांदी शेर दे नक विच नथ नाहीं
गधा नहीं कुलद[4] मनखट[5] खोजा अत खसरयां दो काई कथ नाही
नामरद दी वार ना किसे गावी अते बुजदिलां दी काई सथ नाही
जोगी नाल ना रन्न दा टुरे टूना रोज रोज थी चड़े अगथ नाही
यारी सोंहदी नही सोहागना नूं रंडी रन्न दे सोहदी नथ नाही
वारस शाह ओह आप है करनहारा इहना धदयां दे कुझ हथ नाही

453

मियां तींवियां नाल विवाह सोहन अते मरन ते सोंहदे वैन मियां
घर बार दी जेब[6] ते हैन[7] जीनत नाल त्रिमतां दे साक सेन मियां
एह त्रीमतां सेज दियां वारसा ने अते दिलां दियां देन ते लैन मियां
वारस शाह एह जोड़ना जोड़दियां ने अते महरिहा[8] महरदियां हैन मियां

1. रावण। 2. शर्म। 3. गड़ जाना। 4. जो लदा ना जा सके।
5. निखट्टू। 6. सजावट। 7. रौनक। 8. औरत।

454

सच आख रन्ने केही धुमां पाइयां तुसां भोज राजा लती कुटया जे
दहसिर मारया भेत घरोगडे[1] दे सने लंका दे उस नूं पुटया जे
कैंरों पांडवां दे कटक कई कूहनी मारे तुसां दे सभ नखुटया जे
कतल होए इमाम करब्बलां अंदर मार दीन वे वारसी सुटया जे
जो कोई शरम हया थी आदमी सी सने जात ते माल दे पुटया जे
वारस शाह फकीर तां नस आया पिछा उसदा कासनूं घुटया जे

455

तैनूं बड़ा हंकार है जोबने दा खातर तले ना किसे नूं लिआवना ए
जिन्हां जायो तिन्हां दे नाम धरने बड़ा आप नूं गौंस[2] सदावना ए
होन त्रिमतां नहीं ते जग मुके वत किसे ना जग ते लिआवना ए
असां चिठियां घल सदयों तू साथों आपना आप छिपावना ए
करामात तेरी असां ढूंढ़ डिठी ऐवे शेखियां पया वखावना ए
चाक सदके बाग तों कढ छडूं अते होर ही महों कढावना ए
अन्न खावना ए रज गधे वांगूं कदे शुकर वजा ना लिआवना ए
छड बंदगी चोरां दी राह फड़यो वारस शाह फकीर सदावना ए

456 *

राज छड गए गोपी चंद जेहे शदाद फिरऔन कहा गया
नौशेरखां छड बगदाद टुरया ऊह वी अपनी वार लंघा गया
आदम छड बहिशत दे बाग नठा भुले बिसरे कणक नूं खा गया
फिरऔन खुदा कहायके ते मूसा नाल ऊशटंड बना गया
नमरूद शदाद जहान उते दोजख अते बहिशत बना गया
कारूं जेहा इकठियां मल के बन्ह सिर ते पंड उठा गया
माल दौलतां हुकम ते शान शौकत महखासरी हिंद लुटा गया
सलेमान सकदरों ला सफरे सतां भूइयां ते हुकम चला गया
ओह भी एस जहान ते रिहा नाही जेहड़ा आप खुदा कहा गया
वारस शाह उह आप है करनहारा सिर बंदया दे गिला आ गया

1. घर के। 2. पीर। *इस पद्य में बहुत सारे बादशाहों के नाम हैं।

457

पंड झगड़यां दी कही खोह्ल बैठों वडा महजरी[1] ए गूंगा लट-बावला वे
असां इक रसाल[2] है भाल आंदा भला दस खां की है रावला वे
उते रखया की है नजर तरी गिने आप नूं बहुत उतावला वे
दसे बिना ना जापदी जात तेरी छड़े बाझ ना थीवदा चावला वे
की रोक है कासदा एह बासन[3] सानूं दस खां सोहणिआं सांवला वे
सहज नाल सभ कम निरवाह हुंदे वारस शाह ना हो उतावला वे

458

करामात है कहर दा नाम रन्ने केहा घतयो आन वसूरया ई
करे चावडा चिवड़ा[4] नाल मसती अजे तीक अनजानां नूं घूरया ई
फकर आखसन सोई कुझ रब्ब करसी एवें जोगी नूं ला वडूरया ई
वारस पंज पैसे रोक लगा धरयो खंड चावला दा थाल पूरया ई

459

सहती खोलके थाल विच धयान कीता खंड चावलां दा थाल हो गया
छुटा तोर फकीर दे मोजजे[5] दा विचों कुफर पाजी परे हो गया
जेहड़ा चलया निकल यकीन आहा करामात नूं देख खलो गया
गरम गजब दी आतशों आप आहा बरफ कसफ[6] दे नाल समो गया
जिस नाल फकीरां दे अड़ी बधी ओह आपना आप वगो गया
पेवे डाढयां माड़यां केहा लेखा ओस खोह लया ओह हो गया
मरन वखत होया सड़ खतम लेखा जो कोई जमया छोह ने छोह गया
वारस शाह जो कीमिया[7] नाल छूता सोना तांबयों तुरत ही हो गया

460

हथ बन्ह के करे सलाम सहती दिलों जान थी चेलड़ी तेरियां मैं
करां बांदियां वांग बजा खिदमत नित पांवदी रहांगी फेरियां मैं
पीर सच दा असां तहकीक[8] जाता नाल सिदक मुरीद हां तेरियां मैं
करामात तेरी उते सिदक कीता तेरे हुकम दे नफस ने घेरियां मैं
साडी जान ते माल ते हीर तेरी नाले सने सहेलियां तेरियां मैं

1. आडंबरी। 2. सौगात। 3. बरतन। 4. नखरे करना।
5. करामात। 6. राज़ खुलना। 7. पारस। 8. यकीन।

असां किसे दी गल ना कदी मन्नी तेरे इसम[1] आजम[2] हुब[3] घेनियां मैं
इक फकर अलाह दा रख तकवा[4] होर ढा बैठी सभ ढेरियां मैं
पूरी नाल हिसाब दे हो सकां वारस शाह की करां शेरियां[5] मैं

461

घर अपने चा चवा कर के आख नागरी वांग क्यों सूकिये नी
नाल जोगियां मोरचा लाया ई रजे जट वांगू वडी फूकिये नी
जदों बन झड़े थक हुट रहिए जा पिंड दियां रन्नां थे कूकिये नी
कड्ढ गालियां सने रबेल बांदी घिन मोहलियां असां न घूकिये नी
भलो भली जां डिठयो आशकां नूं वांग कुतियां अन्न नूं चूकिये नी
वारस शाह तों पुछ लै बंदगी नूं रूह साज कलबूत विच फूकिये नी

462

मगर तितरां दे अन्ना बाज छुटा जा चम्बड़े दाद[6] पतालूयां नूं
अन्ना घलया अम्ब अनार वेखन जा लगा ए लैन कचालूयां नूं
घलया फुल गुलाब दे तोड़ लयावी जा चमड़े तत समालूयां[7] नूं
अन्ना मुहरे लाया काफले दे लुटवाया साथ दयां चालूयां नूं
वारस शाह तनूर विच दब बैठा अना घलया रंगन सालूयां नूं

463

जाह खोल के वेख जो सिदक आवे किहा शक दिल आपने पाइयो नी
कहयां असां जे रब्ब तहकीक करसी केहा आन के मगज खपाइयो नी
जाह वेख विशवास जे दूर होवे केहा दरदढ़ा आन मचाइयो नी
शक मिटें जे थाल नूं खोल वेखें वारस मकर की आन फैलायो नी

464

सानूं बखश अलाह दे नाम मियां साथों भुलयां एह गुनाह होया
कचा शीर पीता वंदा सदा भुले धुरों आदमों भुलना राह होया
आदम भुल के कणक नूं खा बैठा झट जंनतों हुकम फनाह होया
शैतान उसताद फरिशतयां दा भला सजदयों किधर दे राह होया

---

1. नाम। 2. बड़ा। 3. प्यार। 4. आसरा।
5. दिलेरी। 6. बैल। 7. एक बूटी।

मुढों रूह भला कौल दे वड़या जुसा छड के अंत फनाह होया
कारूं भुल जकात थी शुभ होया वाहद ओस ते कहर अलाह होया
भुल जिकरीए लई पनाह होजम[1] आरी नाल उह चोर दोफाह होया
अमलां बाझ दरगाह विच पैण पौले लोकां विच मियां वारस शाह होया

465

घर पेईअढ़े बड़ी हवा तैनूं दितयो छिबियां[2] नाल अंगूठयां दे
अत सच दा सच हो नितरेगा कोई देस ना वसदे झूठया दे
जे तूं मारया असां ने सबर कीता नही जानद दाऊ एह घूठयां दे
जटी हो फकीरां दे नाल लडिए छना भेड़या ई नाल ठूठयां दे
सानूं बोलियां मार के निंददी सै युमन[3] डिठयो टुकरा जूठयां दे
वारस शाह फकीर नूं छड़दी सै डिठे मोजजे इशक दे लूठयां दे

466

करे जिन्हां दी रब्ब हमायतां नी हक तिन्हां दा खूल मामूल[4] कीता
जदों मुशरिकां[5] आन सवाल कीता तदों चन्न दो खन्न[6] रसूल कीता
कढ पधरो ऊठनी रब्ब सचे करामात पगम्बरी मूल कीता
वारस शाह जां कशफ[7] वखा दिता तदों जटी ने फकर कबूल कीता

467

फिरे जोम[8] दी भरी ते शाण चड़ी आ टली नी मुंडिए[9] वासता ई
मरद-मार रकाने जग बाजे मान मतिये गुंडिए वासता ई
बखशी सब गुनाह तकसीर तेरी लिया हीर नूं नडिये वासता ई
वारस शाह समझाय के जटड़ी नूं लाह दिल दी घुंडिए वासता ई

468

जो कुझ तुसी फरमांओ सो जाए आखां दिल जानथी चेलड़ी होइआं मैं
तैनूं पीर जी भुल के बुरा बोली भुली विसरी आन विगोइआं मैं
तेरी पाक जबान दा हुकम लैके कासिद[10] होयके आन खलोइआं मैं
वारस शाह दे मोजजे साफ कीती नही मुढ दी वढी बदखोइआं मैं

1. सूखी लकड़ी, ईंधन। 2. दुपट्टा। 3. बरकत। 4. नित-प्रति। 5. काफिर।
6. दो टुकड़े। 7. भेद। 8. घमंड। 9. लड़की। 10. संदेशा देने वाला।

469

लिया हीर सयाल सो दीद करिए आ जाह ओ दिलबरा वासता ई
जाके आख रांझा तैनूं याद करदा घुंड लाह ओ दिलबरा वासता ई
सानूं महर दे नाल वखाल सूरत मुख माह ओ दिलबरा वासता ई
जुलफ नाग वांगूं कुंडल घत बैठी गलों लाह ओ दिलबरा वासता ई
दिने रात ना जोगी नूं टिकाण देंदो तेरी चाह ओ दिलबरा वासता ई
लोड़ें लुटिया नैणां दी सांग देके मुड़ जाह ओ दिलबरा वासता ई
गल कपड़ा इशक दे कुठियां देहों घाह ओ दिलबरा वासता ई
सदका सैदे दे नवें पयार वाला मिल जा ओ दिलबरा वासता ई
वारस शाह नजाम दा करज वडा सिरों लाह ओ दिलबरा वासता ई

470

लैके सोहणी मोहणी हंस राणी मिरग मोहनी जा के घलनी हां
तेरिआं पीरिआं अजमतां[1] वेखके मैं बांदी होके घरां नूं चलनी हां
पीर पीर दी देख मुरीद होई तेरिआ जुतिआं सिर ते चलनी हां
मैंनूं मेल मुराद बलोच साइयां तेरे पैर मैं आण के मलनी हां
वारस शाह कर तरक बुरयाइयां दी दरबार अलाह दा मलनी हां

471

सहती जा के हीर दे कोल बहके भेत यार दा सब समझया ई
जिसनूं मारके घरों फकीर कीतो उही जोगिड़ा होयके आया ई
उहनूं ठग के महियां चराइयां नी एथे आन के रंग वटाया ई
तेरे नैनां ने चा मलंग कीता मानों इसनूं चा भुलाया ई
ओह वी कन्न पड़वा के आन लथा आप वहुटड़ी आन सदाया ई
आप हो जुलेखां दे वांग सची उहनूं यूसफ चा बनाया ई
दिते कौल करार विसार सारे आंन सैंदे नूं कौंत[2] बनाया ई
होया चाक पिंडे मली खाक रांझे कन्न पाड़ के हाल वजाया ई
देनेदार मवास[3] हो वहर बैठा लैनेदार हुण अक के आया ई
गाली दे के वेहड़यों कढ उसनूं कल मुहलियां नाल कुटाया ई
हो जाए निहाल ते करे जिआरत तैनूं बाग विच उस बुलाया ई

---

1. महानता। 2. घरवाला। 3. आकी।

जिआरत मरद कफारत[1] दी होसियाई नूर फकर दा वेखना आया ई
बहुत जुहद[2] कीता मिले पीर पंजे मैंनूं कशफ दा जोर विखाया ई
झब नजां[3] लैके मिले हो रयत[4] फौजदार तयार हो आया ई
इहदी नजर नूं आबेहयात उस दा केहा झगड़ा भाबीए लाया ई
चाक लायके कन्न पड़वायों ई नैनां वालीए गजब क्यों ढाया ई
बचे ऊह फकीरां तो हीर कुड़ीए हथ बन्ह के जिन्हां बखशाया ई
इके मार जासी इके तार जासी झुल मीह निअउं दा आया ई
अमल फौत[5] ते वडी दसतार फुली केहा भीलने सांग बनाया ई
वारस कौल भुलायके खेड रूधे केहा नवां मखौल जगाया ई

472

हीर आखया जायके खोल बुकल उहदे वेस नूं फूक वखावनी हां
नैनां चाड़के सान ते करां पुरजे कतल आशकां दे उते धावनी हां
अगे चाक सी खाक कर साड़ सुटां उहदे इशक नूं सिकल[6] चड़ावनी हां
ऊहदे पैरां दी खाक हैं जान मेरी जीउ जान थीं घोल घुमावनी हां
मोया पया है नाल फिराक[7] रांझा ईसा वांग मुड़ फेर जवावनी हां
वारस शाह पतंग नूं शमा उते अग लायके वेख जलावनी हां

473

हीर नहायके पट दा पहन तेवर वाली अतर फुलेल लगांवदी ए
वल पायके मेढियां खूनियां नूं गोरे मुख ते जुलफ पलमांवदी ए
कजल भिनड़े नैन अपराध लुटे दोवे हुसन दे कटक लै धांवदी ए
मल वटना होठां ते ला सुरखी नवां लोहड़ ते लोहड़ चड़ांवदी ए
सिरी-साफ[8] दा मोछना पहन उते कन्नी डडियां वालीयां पांवदी ए
कीमखाब दी चोलड़ी झब रही बाक चौक ते तोड़ बलांवदी ए
घत झांजरां लोड़ दे सिर कडके हीर सयाल लटकदी आवदी ए
टिका बिंदली बनी है नाल लूहला वांग मोर दे पैलां पांवदी ए
हाथी मस्त छुटा छन छन करके कतल आम खलकत हुंदी जांवदी ए
नैन मस्त ते लोहड़ दंदासड़े दा शाह परी छनकदी आंवदी ए
कदे कढक घुंड लुड़ा देंदी कदे खोलके मार मुकांवदी ए

1. कपफारा, प्रायश्चित्त। 2. तपस्या। 3. मौत का समय। 4. जनता।
5. सुन्न, ना होने के बराबर। 6. पालिश। 7. बिछड़ना। 8. बारीक मलमल।

घुंड लाह के कटक विखा सारी जटी रूठड़ा यार मनांवदी ए
मालक माल देवें सब खोल दौलत वखो वख कर चा विखांवदी ए
वारस शाह तां परी दी नजर चढ़या खलकत सैफियां[1] फूक दी आंवदी ए

474

रांझा वेख के आखदा परी कोई इके भावे तां हीर सयाल होवे
कोई हीर कि मोहनी इंदरानी हीर होवें तां सइयां दे नाल होवे
नेड़े आयके कालजा धा गई जिवें मसत कोई नशे दे नाल होवे
रांझा आखदा अबरे[2] बहार आया जंगलां भी लाली लाल होवे
हाठां जोड़[3] बदलां हांझ बधी वेखां केहड़ा देस निहाल होवे
चमक लैलातुल कदर[4] सयाह-शबथी जिसते पवगी नदर निहाल होवे
डील डाल ते चाल दी लटक सुंदर जेहा पेखने दा कोई खयाल होवे
यार सोई महबूब ते फिदा होवे जी सोई जो मुरशदां नाल होवे
वारस शाह आ चंबड़ी रांझने नूं जेहा गधे दे गल विच लाल होवे

475

घुंड लाह के हीर दीदार दिता रिहा होश ना अकल थी ताक कीता
लंक बाग दा परी ने झाक देके सीना चाक[5] दा पाड़ के चाक[6] कीता
बन्न मापयां जालमां टोर दिती तेरे इशक ने मार गमनाक कीता
मां बाप ते अंग भुला बैठी असां चाक नूं आपणा साक कीता
तेरे बाझ ना किसे नूं अगे लाया गवाह हालदा मैं रब्ब पाक कीता
देख नवी नरोई अयान तेरे सीना साढ़ के बिरहों ने खाक कीता
अला जाणदा ए एहनां आशकां ने मजे जोक ते चा तलाक[7] कीता
वारस शाह लैं चलनां तुसां सानूं किस वासते जीउ गमनाक कीता

476

चौधराइयां छड के चाक बनयां मही चार के अंत नूं चोर होए
कौल कवारियां दे लोहड़े मारियां दे उधल हारियां दे वेखो होर होए
मां बाप करार कर कोल हारे कम्म खेढ़यां दे जोरों जोर होए

1. जादू। 2. बादल। 3. घटा का घिरके आना। 4. रमजान की एक रात जब इबादत का भारी सवाब मिलता है। 5. आजड़ी। 6. लीरो-लीर। 7. विवाह तोड़ना।

राह सच्च दे ते कदम धरन नाहीं जिन्हां खोटयां दे दिल खोर होए
तेरे वासते मिले हां कढ देसों असीं अपने देस दे चोर होए
वारस शाह ना अकल ते होश रहियां मारे हीर दे सेहर दे मोर होए

477

मिहतर[1] नूंह[2] दियां बेटियां जिद कीती डुब मोए नी छड टकानयां नूं
याकूब दयां पुतरां जुलम कीता सुनया होसीया यूसफ दयां बानयां नूं
हाबील कबील[3] दा जंग होया छड गए पैगम्बरी बानयां नूं
जे मैं जानदी मापयां बन्न देनी छड चलदी झंग मघयानयां नूं
खाहश हक दी कलम तकदीर वगी मोड़े कौन अलाह दे भाणयां नूं
किसे ततड़े वकत सी नेहु लगा तुसां बीजया भुन्नयां दानयां नूं
साढे तिन्न हथ जिमी मुलक तेरा ऐवें कासनूं वल वलानयां नूं
गुंगा नाह कुरान दा होवे हाफज अन्ना वेखदा नहीं टटानयां नूं
वारस शाह अलाह बिन कौन पुछे पिछा टुटया अते नतानयां नूं

478

तेरे मापयां साक कुथों कीता असां रुलदे ई रह गए पासयां ते
आप रच्च गईए नाल खेड़या दे साडी गल गवाइयां हासयां ते
सानूं मार के हाल बेहाल कीता आप होईए दाबयां झासयां ते
साढे तिन्न मन देहा मैं फिदा कीता हुन होई ऐ तोलयां मासयां ते
सत पंज बारां अते तिन्न काणे लिखे एस जमाने दे पासयां ते
वारस शाह वसाह की जिंदगी दा साडी उमर है नकश[4] पतासयां ते

479

जो कोई एस जहान ते आदमी ए रोंदा मरेगा उमर ते झूरदा जी
सदा खुशी नाहीं किसे नाल निभदी एह जिंदगी भेश जंबूर[5] दा जी
बंदा जीऊने दी नित करें आसा अजराईल सिर दे उते घूरदा जी
वारस शाह इक हशक दे खड़नहारा डाल डाल ते खाल खजूर दा जी

1. मक्खी। 2. एक नाम। 3. दो कबीलों का नाम। 4. चिह्न। 5. भौंरा।

480

तुसी मेहर करो असीं घरी जाईए नाल सहती दे डाल बनाईए जी
बहर[1] इशक दा खुशक गम नाल होया नाल अकल दे मीह वरसाईए जी
किवें करां मैं कोशशां अकल दियां तेरे इशक दियां पूरीया पाईए जी
जां तयारियां टुरन दियां झब करिए असीं सजनों हुकम कराईए जी
हजरत सूरत इखलास[2] लिख दयो मैंनूं कुर्रा[3] फाल[4] नजूम दा पाईए जी
खोल फाल-नामा ते दीवान हाफ़ज वारस शाह तों फाल कढाईए जी

481

अवल पैर पकड़े एतकाद कर के फेर नाल कलेजे दे लग गई
नवां तौर अजूबे दा नजर आया वेखो जाल पतंग ते अग गई
कही लग गई, चिंनग जग गई, खबर जग गई वज तलग गई
यारो ठगां दी रेवडी हीर जटी मुंह लगदयां यार नूं ठग गई
लगां मसत हो कमलियां करन गलां दुआ किसे फकीर दी वग गई
अगे धूंआं धुखंदड़ा जोगीड़े दा उतों फूक के छोकरी अग गई
यार यार दा बाग विच मेल होया गल हिजर दी दूर अलग गई
वारस टुटयां नूं रब्ब जोड़दा ए वेखी कमले नूं परी लग गई

482

हीर हो रूखसत[5] रांझे यार कोलों आख सहतिए मता पकाइए नी
ठूंठा भन्न फकीर नूं कढया ई किवें उसनूं खैर भी पाइए नी
वहन लोहड़े पया वेड़ा शोहदयां[6] दा नाल करम दे बनड़े लाइए नी
मेरे वासते उसने लए तरले किवे उसदी आस पुचाइए नी
तैनूं मिले मुराद ते असां माही दोवे आपने यार हडाइए नी
होया मेल जों चिरी विछुनयां दा यार रजके गले लगाइए नी
बांकी उमर रंझेटे दे नाल जालां जिवें मेरा भी मेल मिलाइए नी
जीउ आशकां दा अरश हक दा ए किवे उसनूं ठंड पवाइए नी
एह जोवना ठग बाजार दा ए सिर किसे दे एह चड़ाइए नी
शैतान दियां असीं उसताद रन्नां कोई आ खां मकर[7] फैलाइए नी

1. समुद्र। 2. कुरान की एक सत्र। 3. ज्योतिष। 4. पासा फैंकना।
5. विदा होना। 6. गरीब। 6. फरेब।

बाग विच ना जांदियां सोहदियां हां किवें यार नूं घरी लिआइए नी
गल घत पला मुह घाह लै के पैरो लग के पीर मनाइए नी
वारस शाह गुनाह दे असी लदे चलो कुल तकसीर[1] बखशाइए नी

483

अगों रायबां[2] शैरफां[3] बोलियां ने केहा मथा तूं भाबीए खेड़या ई
भाबी आख की लधो ई टहक आईए सोयन-चिड़ी वांगू रंग फेरया ई
मोई गई सै जीवदी आन वड़िए सच आख की सच सहेड़या ई
अज रंग तेरा भला नजर आया सभो सुख ते दुख नवेड़या ई
नैना शोख होए रंग चमक आया किसे जोबने दा खूह गेड़या ई
हाथी मसत आशक भावे बाग वाला तेरी संगली नाल खहेड़या ई
कदम चुसत ते साफ कनौतियां ने हथ चाबक[4] असवार न फेरया ई
वारस शाह अज हुसन मैदान चढ़ के घोड़ा शाहसवार ने छेड़या ई

484

ससे मल दल सुटिए वाग फुलां झोकां तेरियां मानियां बेलियां नी
किसे जोम[5] भरे फड़के नपिए तूं धड़के कालजा पौंदिया त्रेलियां नी
किसे लई हुशनाक ने जीत बाजी पासा लायके बाजीयां खेलया नी
सूबेदार ने किले नूं ढो तोपां कारस जोर रईयतां मेलियां नी

485

तेरियां गल्हां ते दंदां दे दाग दिसन अज सोधियां ठाकरां चेलियां नी
अज नहीं अयालियां खबर लधी बबिआड़ ने पीड़ियां छेलियां नी
अज खेड़यां दे नाल मसतियां दे हथनियां हाथियां ते चा पेलियां नी
छुटा झांजड़ा बाग दे सुफे[6] विचों लाह कूड़ियां सभ जा मेलिया[7] नी
थक टुट के घर कदी आ पईए लगियां मुठीयां भरन सहेलियां नी

486

जिवे सोहने आदमी फिरन बाहर किचरक दौलतां रहन छपाइयां नी
अज भावें तां बाग विच ईद होई खाधियां भुखयां ने मठीआइयां नी
अज कइयां दे दिलां दी आस पुजी जम जम जान बागो भरजाइयां नी

1. कसूर। 2. शक करना। 3. खोटा-खरा परखने वाला। 4. चालाक।
5. तजरबेकार। 6. एक तरफ। 7. गर्भवती करना।

वसें बाग जुगां ताईं सने भाबी जियें खान फकीर मलाइयां नी
खाक-तोदियां[1] दे जिथे ढेर वडें तीर-अंदाजां[2] नें तानीयां लाइयां नी
अज जो कोई बाग वीच जा वढ़या मुंहों मगीयां दौलतां पाइयां नी
पानी बाझ सुकी दाडी खेडया दी मुन्न कढी है ढोहा नाइयां नी
सयाह भौर होइयां चशमां[3] पयारयां दियां भरपूर पौंदे रहे सलाइयां नी
अज आब[4] चड़ी ओहनां मोतियां नूं जीओ आईए भाबीए आइयां नी
वारस शाह हुन पानियां जोर कीता बहुत खुशी कीती मुरगाइयां नी

487

तेरे चंबे दे सेहरे हुसन वाले अज किसे हुशनाक ने लुट लए
किसे जालमं वे दरद कसीस दितो बद बद कमान दे टुट गए
जेहड़े नित निशान छुपांवदी सै किसे तीर-अंदाज ने चुट[5] लए
वारस शाह ओह दरगा दे लाट चुरान जेहड़े पहलड़े रोज हो जुट लए

488

भाबी अज जोबन तेरे लहर दितो जिवें नदी दा नीर उछलया ए
कुफल[6] जंदरा तोड़ के चोर वड़या अज बीड़ा कसतूरी दा हलया ए
सुहा घगरा लहरां दे नाल उडे वेग बद दोचंद हो चलया ए
सुरखी होंठां दी किसे ने चूप लई अंब सगना मोड़ के घलया ए
कस्तूरी दे मिरग जिस ढाह लए कोई नवां हीरा आन मलया ए
वारस शाह तैनूं पिछों आन मिलीया इक नवां ही कोई सहड़या ए

489

तेरे सयाह ततोलढ़े कजले दी ठोडी अते गलां उतों गुम लए
तेरे फुल गुलाब दे लाल होए किसे घेर के राह विच चुम लए
तेरे खानचे[7] शकर पारयां दे हत्थ मार के भुखयां लुम गए
घोड़ा मार के धाड़वी मेवयां दे रल झाड़ बूटे किते गुम गए
वडे वनज होए अज जोबना दे कोई नवें वनजारढ़े धुंम गए
वारस शाह मियां कीते कम तेरे अज कल जहान ते धुंम गए
कोई धोबी वलैयतों आन लथे सिरी साफ दे थान चढ़ खुंब गए
तेरी चोली वलूंदरी सने सीन पेजे तूंबयां नूं जिवें तुंब गए

---

1. मिट्टी का ढेर। 2. तीर चलाने वाला। 3. आंखें। 4. चमक। 5. निशाने से मारना।
6. ताला। 7. खोमचा।

खेड़े काबली कुतयां वांग नठे वढायके कन्न ते दुंब गए
वारस शाह अचबड़ा नवां होया सुते पाहरूयां नूं चोर टुंब गए

490

किसे केहे नपीढ़ नपीढ़िए तूं तेरा रंग है तोरी दे फुल दानी
ढाकां तेरियां किसे मरोढ़ियां नी एह कम होया हिलजुल दा नी
तेरा लक किसे पायमाल कीता धका कुल वजूद विच खुलदा नी
वारस शाह मियां एहो दुआ मंगे वारा खुलदा जावे अज कुल दा नी

491

परमेह[1] दा मैंनूं है असर होया रंग जरद होया एस वासते नी
छांपां खुभ गइयां गलां मेरिया ते दाग पै गया चुभ वरासते नी
कटे जांदे नूं भजके मिलिसां मैं तनिया ढिलोहां चोली दिया पालते नी
रूंनी अथरू डुलिया मुखडे ते खुल गए ततोलड़े[2] पासते नी
मुधी पई बरेने ते वेखदी सां पेडू[3] लाल होया एस वासते नी
सुरखी होंठां दी आप मैं चूस लई रंग उड गया एस वासते नी
कटा घुटया विच गलवकड़ी दे डूकां लाल होइयां आस पास ते नी
मेरे पढू नूं कट ने ढुड मारी लासां पै गइयां मेरे मास ते नी
वारस शाह मैं पुज गरीबनी हां क्यों आंखदे लोक मुहासते[4] नी

492

भाबी अखियां दा रंग रतवना तैनूं हुसन चड़या अनआंवदा नी
अज धिआन तेरा असमान उते तैनूं आदमी नजर ना आंवदा नी
तेरे सुरमे दियां धाड़ियां धूड़ पइयां जिवे कटक है माल तें आंवदा नी
राजपूत मैदान विच लढ़न तेगां अगे ढाडीयां दा पुत्तर गांवदा नी
रूख होर दा होर अज दिसे तेरा चाला नवां कोई नवां आंवदा नी

493

मुठी मुठी मैंनूं कोई असर होया अज कम्म ते जियो ना लगदा नी
भुली विसरी बूटी मैं लंघ गई इके पया भुलावड़ा ठगदा नी
तेवर लाल दिसे मैंनूं अज खेड़या दा जिवें लगे अलमड़ा[5] अगदा नी
मैंनूं याद आए मैंनूं सोई सजन जैदा मगर उलांवड़ा जगदा नी

1. पीलीया। 2. रखवाले। 3. पेट के नीचे का भाग। 4. ताने। 5. लाबू।

खुल खुल जांदे बंद चोलड़ी दे अज गल मेरे कोई लगदा नी
घर बार विचों डर आंवदा ए जिवे किसे ततारचा[1] अगदा नी
इक जोवने दी नईं[2] अज ठाठ दिता बूबन[3] आवदा पानी ते झगदा नी
वारस शाह बुला ना मूल सानूं मैंनूं भला नहीं कोई लगदा नी

494

अज किसे भाबी तेरे नाल कीती चार यार फड़े गुनहगारियां नूं
भाबी अज तेरे नाल ओह बनी दुध हथ लगा दुधा धारियां नूं
तेरे नैनां दियां नोकां दे खत बने वाढी मिलदीयां है जिवें कटारियां नूं
हुकम होर दा होर अज हो गया अज मिली पंजाब कंधारियां नूं
तेरे जोबन दा रंग किस लुट्ट लया हनुमान जियो लंक उतारयां नूं
हथ लग गई सैं किसे यार ताईं जियों कसतूरी दे भाओ बपारियां नूं
तेरी त्रकड़ी दियां कसां ढिलियां ने किसे तोलिया लौंग सपारियां नूं
चूड़े बिड़े ते हार शिंगार टुटे ठोकर लग गई मिना कारियां नूं
वारस शाह जिन्हां मलें अतर शिशें उन्हां की करना फौजदारियां नूं

495

कही छिंज[4] घती अज तुसां भैणां खुआर कीता जे मै निघर जांदड़ी नूं
भइआं पिटड़ी कदों मै गई किते किओं उडाया जे मैं मुनस-खांदड़ी[5] नूं
छज छाननी घत उडाया जे मापे पिटड़ी ते लुड जांदड़ी नूं
सैदे खेड़ी दे ढिड विच सूल होया सदन गई सां मैं किसे मांदरी[6] नूं

496

साह काला ते होठां ते लहू लगा किसे नीली नूं ठोकरां लाइयां नी
किसे हो वेदरद लगाम दिती अडियां वखियां विच चुभोइयां नी
ढिला होए के किसे मैदान दिता, लाइयां किसे महबूब सफाइया नी
वारस शाह मियां होनी हो रही हुन केहियां रिंकतां[7] चाइयां नी

1. लुटेरा। 2. नदी। 3. झाग का एक टुकड़ा। 4. तमाशा।
5. खसमखानी। 6. मंत्र पढ़ने वाला। 7. झगड़ा।

497

लुड़ गई जे मैं रतड़ पाट चली कुड़ियां पिंड दिया अज दीवानियां ने
चोचे[1] लांदियां धीयां पराइयां नूं वेदरद ते अंत वेगानियां ने
मैं वेदोश अते वेखबर ताई रंग रंग दियां लांदियां कानियां[2] ने
मसत फिरन उनमाद[3] दे नाल भरियां चेडो चला चलन मसतानियां ने

498

भाबो जानदें हां असी सभ चालें जेहड़े मुंग ते चनें खिडावनी ए
आप खेंडदिए किसें चालयां नूं सानूं मसतियां चा बनावनी ए
चीचो चीच कंडालियां आप खेडें चिठा मापियां नाल वलावनी ए
आप रहे बेगरज बेदोश बैठी माल खेड़यां दा लुटवाउनी ए

499

अड़ियो कसम मैंनूं जे यकीन करो मैं निरोल बेगरज बेदोसियां नी
जेहड़ी आप विच रमजां सुनांदियां हो नहीं जानदी मैं चापलोसियां नी
मैं तां पेकियां नूं पई याद करां पई पाउनियां नित ओसिआं नी
वारस शाह क्यों तिन्हां अराम आवे जेहड़ियां इशक दे ता विच लूसियां नी

500

भाबी दस खां असीं जे झूठ बोला तेरी कल एहो जेही डौल सी नी
बागों धढ़कदी गरकदी आई ए तूं दस खेड़या दा तैनूं हौल सी नी
तेरी घोड़ी नूं अज अराम आया जेहढ़ी नित करदी पई औंल[4] सी नी
बूटा सखना अज कर आई ए किसे तोड़ लया जेहढ़ा मौल सी नी

501

राह जांदड़ी झोटे ने ढाह लई साहन थल एथल के मारियां नी
हबों हबो व गायके भन्न चूढ़ा पाट सुटियां चुन्नियां सारियां नी
डाढा माढ़यां नूं ढाह मार करदे अन्न जोरावरां अगे हारियां नी
नस चली सां ओंस नूं वेखके मैं जिवें वरां तों जान कवारियां नी

1. ऊजां। 2. तीर। 3. मस्ती। 4. बेकरारी।

सीना भन्न के भनयो सू पासयां नूं दोहां सिंगां उते उस चाढ़ियां नी
मेरे करम सन आन मलंग मिलया जिस जीवंदी पिंड विच वाड़ियां नी
वारस शाह मियां गल नवी सुनी हेड़ी[1] हरत मैं ततड़ी दहाडियां[2] नी

502

भाबी साहन तेरे मगर धुरो लगा हलयां होया कदीम दा मारदा नी
तूं भी वहुटड़ी पुत सरदार दिए उस वी दुध पीता सरदार दा नी
साहन बाग विच लटदा हो क्रमला हीर हीर ही नित पुकारदा नी
तेरे नाल उह लाड पयार करदा होर किसे नूं मूल ना मारदा नी
पर उह इलत बुरी हिलया ए पानी पींवदा तेरी नसार[3] दा नी
तूं झंग सयालां दी मोहनी ए तैनूं आन मिलया हिरन बार दा नी
खास किसे दे वल न धयान करदा साखां[4] तेरियां उह लताड़दा नी
वारस शाह मियां सच झूठ विचों पुण कढदा अते नितारदा नी

503

अनी भरो मुठी हाय हाय मुठी एस बिरहों दे ढिड विच सूल होया
लहर पेढूयों उठ के पवे सीने मेरे ढिड दे विच डंडूल[5] होया
तलब डुब गई सरकार मेरी मैंनूं इक न दाम वसूल होया
लोक नफे दे वासते लैन तरले मेरा मन वही चौढ़ मूल होया
अम्ब बीज के दुध दे नाल पाले वी तती दे अंत बंबूल[6] होया
खेढ़यां विच ना परचदा जिउ मेरा शाहद[7] हाल दा रब्ब रसूल होया

504

भाबी जुलफां गलां उते पेच खाधे अखीं तेरिआं सुरमे दियां धारियां ने
गलां उते भंबीरियां उडदियां ने नैनां सान कटारिया चाढ़ियां ने
तेरें नैनां ने शाह फकीर कीते सनें हाथियां फौज अंबारियां ने
वारस शाह जुलफां खोल नैंण खूनी फौजां कतल उते चा चाढ़ियां ने

1. काली। 2. दहाड़ना। 3. बालटी। 4. हड्डियां। 5. दर्द। 6. किकर। 7. गवाही।

505

बारां बरस दी औड़ सी मिह बुठा लगा रंग फिर खुशक बगिचियां नूं
फौजदार तगयार बहाल होया बांझ तंबूयां अते गलिचियां नूं
बाहियां सुकियां सबज मुड़ फेर होइयां एस हुसन जमीन नूं सचियां नूं
वारस वांग किशती परेशान हां मैं पानी पहुंचया नूंह दे टिचियां नूं

506

सहती हीर दे नाल पका मसलत बड़ा मकर फैलायके बोल दी ए
गरदानदी मकरां मुतवलां[1] नूं अते कनज़[2] फरेब दी खोल दी ए
इबलीस[3] मलफूफ[4] खनाम विचों लै रवायतां जायजां बोल दी ए
अफाकुल हदिस[5] मनसूख कीती किताब लाईन अला वाली फोलदी ए
तेरे यार फिकर दिन रात मैंनूं जान मापयां तो पई डोलदी ए
वारस शाह सहती अगे मां बुढी वडे गजब दे कीरने फोलदी ए

507

असी वयाह आंदी कूंज फाह आंदी साडे भा दी बनी है औखड़ी नी
वेख हक हलाल नूं अग लगसी रहे खसम दे नाल एह खोखड़ी[6] नी
जदों आई तदोकना रही ढठी कदी हो ना लैंबी ए सौखड़ी नी
लोह-लथड़ी जदों दी वयाह आंदी कलां कलदी जरा है चोखड़ी नी
वारस शाह उह अन्न ना दुध खांदि दुख नाल नाल सुकांवदी नी

508

हाथि फौज दा वडा शिंगार हुदा अते घोडे शिंगार ने दलां दे नी
अछा पहरना खावना शान शौकत एह सभ बिना ने जरां दे नी
घोड़े खान खटन करामात करदे अखि वेखदया जान बिन परां दे नी
मझां गाई शिंगार ने सथ तले अते नूंहां शिंगार ने घरां दे नी
खैरखाह दे नाल बदखाह[7] होना एह कम है कुतयां खरां[8] दे नी

---

1. लंबे-लंबे। 2. भंडार। 3. शैतान। 4. लपेटा हुआ।
5. रसूल की साखी। 6. मुसीबत। 7. बुरा मांगने वाला। 8. खोते।

मशहूर है रसम जहान अंदर पयार बहुटियां दे नाल वरां दे नी
दिल औरतां लैण पयार कर के एह गभरू मिरग ने सरां दे नी
तदों रन्न बदखाह[1] नूं अकल आवे जदों लत लगे विच फरां[2] दे नी
वारस शाह उह इक ना कसी हुंदे जिन्हां वैर कदीम थीं जड़ां दे नी

509

पिहढ़े घतके कदी न बहे बूहे असीं एहते दुख विच मरांगे नी
एहदा जिउना पलमदा पिंड साडे असीं एह इलाज की करांगे नी
सोहनी रन्न बाजार ना वेचनीए वयाह पुत दा होरद करांगे नी
मुलां वैद हकीम लै जान पैसे कहियां चटियां गैब दियां भरांगे नी
वहुटी गभरू दोहां नूं बाढ़ अंदर असी बाहरों जंदरा जड़ां नी
सैदा ढाह के एस तों लए लेखा असी चीकनों मूल न डरांगे नी
शरमिंदगी जग दी सहागे जरा मुंह परां नूं होर दे करांगे नी
कदी चरखड़ा डाह ना छोप कते असी मेल भंडार की करांगे नी
वारस शाह शरमिंदगी एस दी तों असीं डुब के खूह विच मरांगे नी

510

अजराइल इक उमर अयार[3] दूजी हीर चल के सस तें आंवदी ए
सहती नाल मैं जाय के खेत वेखां पई अंदरे उमर विहांवदी ए
पिछों झिकदी नाल बहानयां दे नढी घड़ी घड़ी फेरे पांवदी ए
वांग ठगां दे कुकड़ा रात अधी अजगैब[4] दी बांग सुनांवदी ए
चल भाभिए वाउ जहान दी लै बाहों हीर नूं पकड़ उठांवदी ए
काजी लानत अल्लाह[5] देह देह फतवां इबलीस नूं सबक पढ़ांवदी ए
एहनूं खेत लैं जाह कपाह चुनिए मेरे जिउ तदबीर एह आंवदी ए
वेखो माउ नूं धी वलाय के ते केही फोकियां रूमियां[6] लांवदी ए
तली हेठ अंगियार टिका सहती उतों बहुत प्यार करांवदी ए

1. बुरा चाहने वाली। 2. हड्डियाँ। 3. चालाक। 4. अनदेखा।
5. भगवान की ओर से दुत्कारा हुआ। 6. फरेब देना।

शेख सादी दे फलक[1] नूं खबर माही जिकूं रोयके फंद चलांवदी ए
वेख धी अगे माउं झुरन लगी हाल नुंह दा खोल सुनांवदी ए
एहदी पई दी उमर विहांवदिए जारो जार रोवदी ते पलू पांवदी ए
किसे मना किता खेत ना जाये कदम मंजीओं हेठ ना पांवदी ए
दुख जिओ दा खोल हकिम अगे किस्सां दिले दे फोल सुनांवदी ए
इनसाफ दे लई गवाह करके वारस शाह नूं पास बहांवदी ए

511

सहती माउ नूं आखदी सुनी मांईए किस वासते जिउ तपांवनी ए
नुंह लाल जेही अंदर घतिया ई परख बाझ तूं लाल वजांवनी ए
तेरी पूंह पंज-फूलड़ी[2] पदमनी ए वाऊ लैन खुनों क्यों गवावनी ए
पई अंदरे हो बिमार चली जान बुझ के दुख वधावनी ए
भावे पई रहे दिन रात अंदर नाल शौक दे नहिं बुलांवनी ए
एह फुल गुलाब दा गुट अंदर पई दुखड़े नाल सुकावनी ए
अठ पहर ही ताड़के विच कोठे पतर पानां दे पई सुकावनी ए
वारस धी सयालां दी मारनी ए दस आप नूं कौन सदावनी ए

512

नूंहां होंदियां ख्याल जो पेखने[3] दा मान मतियां वूह दियां महरियां ने
परी मूरतां सुघड़ राजइंद्रां[4] चंदरानी इक मोम तबा[5] इक नहरियां ने
इक करम बाग दीयां मोरनीया इक नरम मलूक इक जहरियां ने
अछा खाण पीवण लाड नाल चलन लैन देन दे विच लडहीरियां ने
बाहर फिरन जो बाहर दियां वाहना ने शरम विच वहालिया शहरियां ने
वारस शाह इक हुसन गुलाम लद अखी नाल गुलाम गहरियां ने

513

जाय मंजयों उठ के किवे तिलके हीर पैर हलायक चुसत होवे
वांग रोगियों रात दिन रह ढठी किव हीर बीबी तंदरूसत होवे
एह वडा अजाब[6] हैं मापयां नूं नुंह धी बूहे उते सुसत होवे
वारस शाह मियां क्यों ना हीर बोले सहती जेहियां दी जिन्हां नु पुशत[7] होवे

1. आसमान। 2. नाज़ुक। 3. तमाशा। 4. इंद्र की प्रेमिकाएं।
5. स्वभाव। 6. दु:ख। 7. सहायता।

514

हीर आखया बैठ के उमर सारी मैं ते आपने आप नूं साड़नी हां
मतां बाग गयां मेरा जिउ लगे अंत एह भी पड़तना पाड़नी हां
पई रोणियां मैं लेख आपने नूं कुझ किसे दा नही विगाड़नी हां
वारस शाह मियां तकदीर आखे वेख नवां पसार पसारनी हां

515

हुकम हीर दा माऊ तों लया सहती गलां आपों विच दोहां मेलियां ने
अनी आओ खां आपो विच गल गिनो सभ घलियां सभ सहेलियां ने
रूजू[1] आन होइयां सभे पास सहती जिवें गुरु अगे सभ चेलियां ने
कहे कुआरियां कई वियाहियां ने चंद जेहे सरीर मथेलियां ने
उन्हां माऊ ते बाप नूं भुन्न खाधा मुंग चने कुआरियां खेलियां ने
विच हीर सहती दोवें बैठियां न दुआल बैठियां आन सहेलियां ने
सभनां बैठ के इक सलाह कीती भाबी नणद ते आन रवेलियां ने
सुती पई लोको उठ चलना जे बाहर करनियां जां काले केलियां ने
सइयों हुम हुमा के आवना जे गलां करनियां अज कहेलियां ने
वारस शाह शिंगार महावतां न जिवें हथनियां किले ते पेलियां ने

516

वकत फजर[2] दे उठ सहेलियो नी तुसां अपने आहरी ही आवना जे
माऊ बाप नूं खबर ना करो काई भुलके बाग नूं पासनां लावना जे
वहुटी हीर नूं बाग लै चलना जे जरां एस दा जीउ वलावना जे
लावन फरनि विच कपाह भैनां किस पुरूष नूं नही वखावना जे
राह जादियां नूं पुछन लोक अड़ियो कोई इफतरा[3] चा बनावना जे
खेडो समीयां ते ततो पबीयां[4] नि भलक खूह नूं रंग लगावनां जे
वड़ो वट लगोटड़े विच पैली बन्ना वट सभ पुट वखावना जे
बन्ह झोलियां चुनो कपाह सभ ते मुदासयां रंग सहावना जे
वडे रंग सोहन इको जेडियां दे राह जांदयां दे सांग लावना जे
चरखे चाए भरोटड़े[5] कज उठो किसे पूनि नूं हथ ना लावना जे
वारस शाह मियां एहो अरथ होया सभनां अजू दे फलेनूं जावना जे

1. आमने-सामने। 2. सवेरे। 3. नकल, स्वांग। 4. पंजाब के लोक-नाच। 5. बोहिआं।

517

गंढ[1] फिरी रातीं विच खेड़यां दे घरो घरी विचार विचारयो ने
भलके खूह ते जायके करो कुशती इक दूसरे नूं खुम[2] मारयो ने
चलो चल ही करन छनाल-बाजां[3] सभ कम्म ते काज विसारयो ने
बाजी दितीयां ने पिउ बुढयां नूं लिबां[4] मावां दे मुंह ते मारयो ने
शैतान दियां लशकरां फैलसूफां[5] बिना आतशी फन खिलारयो ने
गिलती मार लगोटड़े वट टुरियां सभो कपड़ा लतड़ा झाड़यो ने
सबा भन्न भंडार उजाड़ छोपां सने पूनियां पिड़े नूं साड़यो ने
तंग खिच त्यार असवार होइयां कडयालड़े घोड़ियां चाढ़यो ने
राती ला मैंहदी दिने पा सुरमे गुंद चूंडियां कम्म शिंगारयो ने
तेड़ लुंगियां टोकरां देन पिछों चुन कन्नियां लड़ां नूं झाड़यो ने
कजल पूछलां बालड़ां वयाहियां दे होठी सुरख दंदासड़ा चाढ़यो ने
जुलफां पलम पइयां गोरे मुखड़े ते ला बिंदियां हुसन उधाड़यो ने
गलां ठोडियां ते बने खाल दाने रड़े हुसन नूं चा नितारयो ने
खोल छातियां हुसन दे कढ लाटू वारस शाह नूं चा उजाड़यो ने

518

हुकम हीर दा माउं तों लया सहती गल गिनी सू नाल सहेलियां दे
होइयां तयार दोवें ननान भाबी नाल चढ़े नी कटक अखेलियां दे
छड पासना तुरक बाजार चलो राह मार दे ने अठखेलियां दे
वारस शाह कसतूरी दे मिरग छुटे थइ पइआं शरीर मथेलिआं दे

519

फौज हुसन दी खेत विच खिंड पई तुरत चा लगोटड़े वटयो ने
संमी खेडदियां मारदियां फिरन गिधा फबी घत बनावट पटयो ने
तोड़ किकरों सूल दा वडा कंडा पैर चोभ के खून पलटयो ने
सहती अंदरों मकर दा फंद जड़या दंद मारके खून उलटयो ने
शिसत-अंदाज[6] ते मकर दा नाग कीता उस हुसन दे मोर नूं फटयो ने
वारस यार दे खरच तहसील विचों हिसो सिरफ कसूर दा लुटयो ने

1. सदा। 2. नाच की एक किस्म। 3. बदकार। 4. चिकड़। 5. चतुर। 6. निशाने-बाज़।

520

दंद मीट घसीट के हड गोडे रो रो करे जारी बुरे हीलियां नी
नक चाढ़ दंदीकड़ा[1] वट रोवे कढ अखियां नीलियां पीलियां नी
थराथर कवे आखे मोई लोको कोई करे झाड़ा बुरे हीलियां नी
मेरे लिंग ते पैर बेसुरत होई पाव जीवने काज[2] कलीलियां[3] नी
वारस शाह शतूंगड़े हथ जोड़न सहती गुरु ते असीं सब चेलियां नी

521

हीर मीट के दंद बेसुध पई सहती हाल ते शोर पुकारया ए
काले नाग ने फन फला वडा डंग वहुटी दे पैर नूं मारया ए
कुड़ियां वांग किती[4] आ गई बाहर लोको कम्म ते काज विसारया ए
मंजे पायके हीर नूं घरी आंदा जटी पीलड़े रंग नूं हारया[5] ए
वेखो फारसी तोड़के नजम नसरों एह मकर घिउ वांग नतारया ए
अगे किसे किताब विच नहीं पढ़या जेहा खचरियां खचर पसारया ए
शैतान ने आन सलाम कीती तुसां जितया ते असां हारया ए
अफलातून दी रीस[6] मकराज[7] कीती वारस कुदरतां वेखके वारया ए

522

जदों सांगरां वाहरां कूच कीती सारे देस ते धुम भुचाल आही
खेड़ों खबर होई चढ़या देस सारा नूंह खेड़या दी जेहड़ी सयाल आही
सरदार सी खूबां दे त्रिंजणी दी जैदी हंस ते मोर दी चाल आही
खेड़े नाल सी उस अनजोड़ मुढों दिलों साफ रंझेटे दे नाल आही
इना कैदा कुना[8] बाब औरतां दे धुरों विच कुरान दे फाल आही
वारस शाह सुहागा ते अग वांगू सोना खेड़या दा सभो गाल आही

523

सद मांदरी खेड़यां लख आंदे फकर वैद ते नाल मदारियां दे
तिरयाक अकबर अफलातून वाला दारू वडे फरग पसारियां दे
जिनहां जात हजारे दे सप कीले घत आंदे ने विच पटारियां दे
गडे लख ताविज ते धूप हरमल सूत आंदे ने कंज कुआरियां दे

1. दांत पीसने। 2. कैंची कतरनी। 3. कमज़ोर। 4. दुहाई देना।
5. पीली हो गई। 6. दाड़ी। 7. कैंची से काट दी। 8. मक्कर-फरेब।

कोई अक चवा खवा गंडे नागदौण[1] ते पान सुपारियां दे
तेल मिरच ते बूटियां दुध पैसे घिओ देंदे ने नाल खुआरियां दे
वारस शाह सपाधियां पिंड बधे खेड़यां जोर लाए जरां जारियां दे

524

दरद हीर ते दारू होर करदे फरक पवे ना लोड़ विच लुड़ी जे नी
रन्नां वेखके आंहदियां जहर पानी कोई साईत ही जिउंदी कुड़ी जे नी
हीर काख दी जहर जे खिंड चली जिबें कालजा चीर दी लुरी जे नी
मर चली जे हीर सयाल भावे भली बुरी उथे आन जुड़ी जे नी
जिस वेले दी सूरती जे इस सुधी भागी हो गई पुड़ी जे नी
वारस शाह सदाईए वैद रांझा जिस ते दरद असाडे दी पुड़ी जे नी

525*

सहती आखया फरक ना पवे मासा ए सप ना कील ते आंवदे ने
काले बाग विच जोगीड़ा सिध दाना जिदे कदम पया दुख जांवदे ने
बाशक नाग करूंडीए मेद तछक छिबे तितरे सीस निवांवदे ने
कलगीदार ते उडना भूंड नाले असराल खराल डर खांवदे ने
तेपूरड़ा बूरड़ा फनी फनियर सब आन के सीस निवांवदे ने
मनीदार ते सिरे खड़बीए भी मंतर पढ़े ते कील ते आंवदे ने
घंगूरियां दामियां बस बसाती रतवाड़ियां कोझियां छांवदे ने
खंजूरिया तेलिया बनत करके चंगा फनवारिया कोइ चा चांवदे ने
काई दुख ते दरद ना रहे भोरा जादू जिन्न ते भूत सब जांवदे ने
मिले उस नूं कोई ना रहे रोगी दुख कुलां दे उस तों जांवदे ने
राव राज ते देवते वैद परियां सब उस तों हथ वखांवदे ने
होर वैदगी वैद लगा थके वारस शाह होरी हुण आंवदे ने

526

खेड़यां आखया केहड़ा घलीए जी जेहड़ा डिगे फकीर दी जा पैरीं
साडी करीं वाहर, नाम रब्ब दे जी कोई फजल दा पलड़ा आ फेरी
सारा खोल के हाल अहवाल दसी नाल भिहरियां बरकतां विच डेरी
चलो वासते रब्ब दे नाल मेरे कदम घतयां फकर दे होन खेरी

1. एक पहाड़ी बूटी। *इस पद्य में सांपों की बहुत सारी किस्मों का ब्यान है।

दाम लायके हीर वयाह आंदी जंतर जोड़ के गए सा विच देरी
बैठ कोड़में[1] गल पका छडी सैदा घलीए रलन ना ऐरी गैरी
जिवें जानसैं तिवें लया उसनूं करो मिन्नतां लावना हथ पैरी
वारस शाह मियां तेरा इलम होया मशहूर है जिसन इनस[2] तैरी

527

अजू आखया सैदया जाह भाई एह वौहटियां बहुत पयारियां ने
जाह बन्ह के हथ सलाम करना तुसां तारियां खलकतां सारियां ने
अगे नजर रखीं सारा हाल असीं अगे जोगिड़े दी करीं जारियां ने
सानूं बनी है हीर नूं सप्प लड़या खोल कहीं हकीकतां सारियां ने
आखीं रब्ब दे वासते चलो जोगी सानूं पइयां मुसीबतां भारियां ने
जोगी मार मंतर करो सब हाजर जाह लया मना तूं वारियां ने
वारस शाह उथे नहीं फुरे मंतर जिथे इशक ने दंदियां मारियां ने

528

सैदें मार बुकल पचाड़की[3] बधी जुती झाड़के डांग लै कड़कया ए
वाहो दाह चलया खड़ी बांह करके वांग कटकूं[4] माल ते सरकया ए
काले बाग विच जोगी दे जा वड़या वेखके जट नूं तड़कया ए
खड़ा हो माही मुंढे खान आवे नाल भांवड़े शोर कर मड़कया ए
सैंदा संग के खड़ा थर थर कंबे उसदा अंदरों कालजा धड़कया ए
चली रब्ब दे वासते जोगिया ओए खार विच कलेजे दे अड़कया ए
जोगी पुछया कीह है बनी तैनूं एस हाल आवे जट बड़कया ए
जटी वड़ी कपाह विच बन्ह झोली काला नाग अजगैब[5] दा लड़गया ए
वारस शाह जो रन्नां आ जमा होईयां सप झाड़ बूटे किते बड़गया ए

529

तकदीर नूं मोड़ना भला नाही सप्प नाल तकदीर दे डंग दे ने
जिहनूं रब्ब दे इशक दी चोट लगी दीदवान[6] रजाए[7] दे रंग दे ने
जेहड़े छड जहान उजाड़ वसन सुहबत[8] औरतां दी कोलों संग दे ने
कदे किसे दी कील[9] विच नांह आए जेहड़े सप्प स्याल ते झंग दे ने
असां चा कुरान ते तरक कीती सग मैहरियां दे कोलों संग दे ने

1. एक खानदान। 2. इनसान। 3. रेबदार चादर। 4. धाड़वी।
5. अनदेखा। 6. दर्शक। 7. कुदरत। 8. संगत। 9. बस में करना।

मरन देह जटी जरा बैन सुनीए होके निकलन रंग बरंग दे ने
जुआन मरे मैहरी वडे रंग होसन खुशी होई है अज मलंग दे ने
वारस शाह मुनाय के सीस दाड़ी हो रहे हां संग ते रंग दे ने

530

हथबन्ह नीवीं धौन धाह मुंह विच कढ दंदियां मिनतां घालिया ओए
तेरे चलयां होंदी है हीर चंगी दोही रब्ब दी मुंदरां वालिया आए
अठ पहर होए भुखे कोड़में[1] नूं लुड़ गए हां फाकड़ा जालिया ओए
जटी जहर वाले किसे नाग डगी असां मुलक ते मांदरी भालिया ओए
चंगी होए नाही जटी नाग डगी तेरे चलया खैरां वालिया ओए
जोगी वासते रब्ब दे तार सानूं बेड़ा ला बन्हे अल्लाह वालिया ओए
लिखी बिच्च रजाय दे मरे जटी जिसने सप्प दा दुख ही जालिया ओए
तेरी जटी दा की इलाज करना असां आपना कोड़मा गालिया ओए
वारस शाह तकदीर रजा वाला उन्हां औलियां[2] भी नहीं टालिया ओए

531

चुप हो जोगी सहज बोलया ए जटा कास नूं पकड़यो काहियां नूं
असीं छड जहान फकीर होए एहनां दौलतां ते बादशाहियां नूं
याद रब्ब दी छड करके करन झेडे ढूंढन उडदियां छड के फाहियां नूं
तेरे नाल ना चलियां नफा कोई मेरा इलम ना फुरे वियाहियां नूं
रन्न सचियां नूं करन चा झूठे रन्नां कैद करांदियां राहियां नूं
वारस कढ कुरान ते बहें मिंबर[3] केहा अडयो मकर दियां फाहियां नूं

532

सैदा आखदा रोंदड़ी पई डोली चुप करे नाहीं हतिआरड़ी[4] ओए
वड्डी जवान बाला कोई परी सूरत तिन कपड़े वडी मुटिआरड़ी ओए
जे मैं हथ लावां सिरों लाह लैंदी चा घतदी चीख चिहारड़ी[5] ओए
हथ लावण पलंग नूं मिले नाहीं खौफ खतरियों[6] रहे निआरड़ी[7] ओए
मैंनूं मारके आप नित रहे रोंदी एस डौल ही रहे कुआरड़ी[8] ओए

1. एक खानदान। 2. पीर। 3. बनेरा। 4. ज़ालिम। 5. चीक-चिहाड़ा। 6. डर। 7. अलग। 8. कुवारी।

नाल सस ननाण दे गल नाही पई मचदी नित खुआरड़ी[1] ओए
असां ओसनूं मूल ना हथ लाया कोई नागर[2] लोथ है भारड़ी[3] ओए
ऐवे गफलतां विच बरब्बाद कीती वारस शाह एह उमर पयारड़ी ओए

533

जोगी कील धती परे विच चौंकी छुरी ओसदे विच खुभाइया सू
खाह कसम कुरान दी बैठ जट कसम चोर नू चा कराइया सू
ओहदे नाल तूं नाहियों अंग लाया छुरी पट के धौन रखाइया सू
फड़या हुसन दे माल दा चोर साबत ताए ओसनूं कसम खवाइया सू
वारस शाह रब्ब तूं छड पया झंजट ऐवे राइगां उमर गवाइया सू

534

खेड़े निशा[4] दिती अगे जोगीड़े दे सानूं कसम है पीर फकीर दी जी
मरां होए के एस जहान कोहड़ा कदे सूरत जे डिठी है हीर दी जी
सानूं हीर जटी धौली धार दिसे कोह[5] काफ[6] ते धार कशमीर दी जी
लंका कोट पहाड़ दा परा दिसे फरहाद नूं नहर जो शीर[7] दी जी
दूरों वेखके फातिहा आख छडां गुरु पीर पंजाब दे पीर दी जी
सानूं कहिकहा[8] कंध दे वांग दिसे ढुका नेड़े ते कालजा चीर दी जी
उसदी झाल ना असां थी जाए झली झाल कौन झले जटी हीर दी जी
भैंस मार के ते सिंग नाद ढोई ऐवे हवस गई दुध खीर दी जी
लोक आखदे हुसन दा दरया वगे सानूं खबर ना ओसदे नीर दी जी
वारस शाह झूठ ना बोलीए जोगियां ते खयानत ना करीए मीर पीर दी जी

535

जोगी रख के अणख दे नाल गैरत कढ अखियां रोह थी फुटया ई
एह हीर दा वारसी ही बैठा चा डेरयों सुआह विच सटया ई
सने जुतियां चौंक दे विच आवे साडा धरम ते नेम सभ पटया ई
लुट पुट के माल नखुटया ए कुट फाट के खोह विच सुटया ई

1. खवार करना। 2. कमज़ोर। 3. भारी। 4. तसल्ली। 5. पहाड़। 6. हसीन औरत। 7. दूध। 8. हँसी।

खेड़ा बोलदा नीर पलट अखी जेहा बानिया शहर विच लुटया ई
पकड़ सैदे नूं नाल फाहुड़ियां दे चोर यार वांगूं ढाह कुटया ई
दोवे बन्ह बांहां सिरों लाह पटका गुनाहगार वांगूं पकड़ छटया ई
शाना[1] भंन के कुट चकचूर कीता लिंग भन्न के संघ नूं घुटया ई
वारस शाह खुदाए दे खौफ कोलों साडा रोंदयां नीर नखुटया ई

536

खेड़ा खाए के मार ते भज पया वाहो दाह रोंदा घर आंवदा ई
एह जोगिड़ा नहीं जे धाड़ कोई हाल आपना खोल्ह सुणांवदा ई
एह कांवरू[2] देस दे सेहर जाने वडे लोहड़े ते कहर[3] कमांवदा ई
ए दिओ उजाड़ विच आन लथा नाल घुरकियां[4] जिंद गवांवदा ई
नाले पढ़े कुरान ते दे बांगां चौंकी पांवदा संख वजांवदा ई
वारस मार ते कुट तहि-बार[5] कीता पिंडा खोहलके जट वखांवदा ई

537

अजू आखया कहर अंधेर यारो वेखो गजब फकीर ने चाया ए
मेरा सीने दा केवड़ा[6] मार जिदों कम कार थी चाए गवाया ए
फकर मेहर करदे सारी खलक उते एस कहर जहान ते चाया ए
वारस शाह मियां नवां सांग[7] वेखो दिओ आदमी होए के आया ए

538

सहती आखदी बाबला जाह आपे सैदा आप नूं वडा सदांवदा ए
नाल किबर[8] हंकार दे मसत फिरदा नजर तले ना किसे नूं लयांवदा ए
सांहे वांगरां सिरी फिहांवदा ए अगों आकड़ां पया वखांवदा ए
जा के गाल फकीर दे करे आकड़ गुसे गजब नूं पया वधांवदा ए
मार नूंह दे दुख हैरान कीता अजू घोड़ी ते चढ़के धांवदा ए
यारो उमर सारी जटी ना लधी रहया सोहनी ढूंढ़ ढूंढ़ावदा ए
वारस शाह जवानी विच मसत रहया वकत गए ताईं पछोतांवदा ए

1. कंधे। 2. देश का नाम (कामरूप)। 3. जुल्म। 4. कचीची। 5. तह लगाना। 6. जेष्ठ पुत्र। 7. नज़ारा। 8. घमंड।

539

अजू बन्ह खड़ा हथ पीर अगे तुसी लाडले परवरदगार[1] दे हो
तुसी फकर अलाह दे पीर पूरे विच रेख[2] दे मेख[3] नूं मारदे हो
होवे दुआ कबूल पयारयां दी दीन दुनी[4] दे कम सवारदे हो
अठे पहर खुदा दी याद अंदर तुसी नफस[5] शैतान नूं मारदे हो
हुकम रब्ब दे थी तुसी नहीं बाहर पीर खास हजूर दरबार दे हो
मेरी नूंह नूं सप्प दा असर होया तुसी कील मंतर सप्प मारदे हो
रूढ़े जान बेड़े औगनहारयां दे फजल[6] करो ते पार उतारदे हो
तेरे चलयां नूंह मेरी जीउंदी ए डुबन लगयां नूं तुसी तारदे हो
वारस शाह दे उजर[7] मुआफ करने बखशनहार बंदे गुनाहगार दे हो

540

छड देस जहान उजाड़ मली अजे जट नहीं पिछा छडदे ने
असां छडया एह ना मूल छडन वैरी मुढ कदीम तो हड दे ने
लीही पई मेरे उते झाड़यां दी पास जान नाही पिंज गड दे ने
वारस शाह जहान तों अक पए अज कल फकीर हुण लद दे ने

541

चलीं जोगिया रब्ब दा वासता ई असीं मरद नूं मरद ललकारने हां
जो कुझ सरे सो लै नजर पैर पकड़ां जान माल परवार भी वारने हां
पया कलह दा कोडमां सभ रोंदा असी काग ते मोर उडारने हां
हथ बन्हके बेनती जोगिया वे असी आजजी नाल पुकारने हां
चोर सदया माल दे सांभणे नूं तेरियां कुदरतां तों बलिहारने हां
वारस शाह वसाह की एस दम दा ऐवें रायगां[8] उमर क्यों हारने हां

542

जोगी चलया रूह दी कला हिली तितर बोलया शगन मनावने नूं
ऐतवार ना पुछया खेड़यां ने जोगी आंदा ने सीस मुनावने नूं
वेखो अकल शऊर जो मारया ने तामा[9] बाज दे हथ फड़ावने नूं
भुखा खंड ते खीर दा होया राखा रंडा घलया साक कावने नूं

---

1. रब्ब। 2. किस्मत की रेखा। 3. दुर्भाग्य। 4. लोग। 5. लालच, वासना।
6. मेहरबानी। 7. गुनाह। 8. फजूल। 9. शिकार।

सप्प मकर दा परी दे पैर लड़या सुलेमान[1] आया झाड़ा[2] पावने नूं
राखा जवां दे ढेर दा गधा होया अन्हा घलया हरफ[3] लिखावने नूं
नियत खास करके उहनां सद आंदा मियां आया है रन्न खसकावने नूं
उन्हां सप्प दा मांदरी[4] सद आंदा सगों आया सप्प लड़ावने नूं
वसदे झुगड़े चौढ़ करावने नूं मुढों पट वूटा लैंदे जावने नूं
वारस बंदगी वासते घलया ए आ लगा ए पहनने खावने नूं

543

भला होया भैणा हीर बची जानो मन मन्ने दा वैद हुन आया नी
दुख दरद गए सभे हीर वाले कामल वली ने फेरड़ा पाया नी
जेहड़ा छड चुधराइया चाक होया वत उसने जोग कमाया नी
जैंदा वंजली दे विच लख मंतर एह अल्लाह ने वैद मिलाया नी
शाखां रंग बिरंगियां होण पैदा सावन माह जिऊं मींह वसाया नी
नाले सहती दे हाल ते रब्ब तुठा जोगी दिलां दा मालक आया नी
तिनां धिरां दी होई मुराद पूरी धुआं एस चरोकना लाया नी
एहदी फुरी कलाम अज खेड़यां ते इसमे आजम[5] ते असर कराया नी
महमान जियों आंवदा लैन वहुटी अगे सहुरयां पलंघ वछाया नी
वीराराध[6] वेखे एथे कोई हुंदा जग धूड़ भलांवड़ा पाया नी
मंतर हक ते पुतलियां दो उडन अल्लाह वालयां खेल रचाया नी
खिसकू शाह होरी अज आन बैठे तंबू आन उघालूयां लाया नी
दुआ मार बैठा जोगी मुदतां दा अज खेड़यां ने खैर पाया नी
कखों लख चा करे खुदा सचा दुख हीर दा रब्ब गवाया नी
उन्हां सिदकियां दी दुआ रब्ब सुनी उस वांढड़ी दा यार आया नी
भला होया जे किसे दी आस पुनी रब्ब बिछड़या यार मिलाया नी
सहती आपने हथ अखतिआर लैके डरा डूंमां दी कोठड़ी पाया नी
रन्नां झट मोह लैन शाहजादयां नूं वेखो इफतरा कौन बनाया नी
आपे धाड़वी दे अगे माल दिता पिछों उसदे ढोल बजाया नी
भलके ऐथे ना होवसन दोवे कुड़ियां सानूं सगन एहां नजर आया नी
वारस शाह शैतान बदनाम करसू लूण थाल दे विच भुनवाया नी

1. जो मन्त्र करता है। 2. मन्त्र। 3. अक्षर। 4. मन्त्र पढ़ने वाला। 5. भगवान का नाम। 6. पाक।

544

कुड़ियां आखया जा के हीर ताईं अनी वहुटीए अज वधाईए नी
मिली आबेहयात पिआसयां नूं हुण जोगियां दे हथ आईए नी
तैनू दोजख दी आंच है दूर होई रब्ब विच बहिशत दे पाईए नी
पूरे रब्ब ने मेल के तारीए नी मोती लाल दे नाल पुराईए नी
वारस शाह कहु हीर दी सस ताईं अज रब्ब ने चौड़ कराईए नी

545

जोगी आखया फिरे न मरद औरत पवे किसे दा नहीं परछावना ओए
करां बैठ नवेकला जगत गोशे कोई नहीं जे छिंज[1] पवावना ओए
कन सन[2] विच बहुटड़ी[3] आन फाथी नाही सहम ते शोर करावना ओए
हको आदमी आवना मिले साथे औखा सप दा रोग गवावना ओए
कुआरी कुड़ी दा रख विच पैर पाईए नाहीं होर किसे एथे आवना ओए
सप्प नस जाए छाल मार जाए खरा औखड़ा छिला[4] कमावना ओए
लिखया सत सैवार कुरान अंदर नहीं छड नमाज पछतावना ओए
वारस शाह कोई दिन बंदगी कर मुड़ वत ना जग ते आवना ओए

546

सहती कुड़ी नूं सदके सौंपिओ ने मंजी विच ऐवान[5] दे पाय के ते
पिंडों बाहर इक डूंमां[6] दी कोठड़ी सी ओथे दिती ने थां बनायके ते
जोगी पलंघ दे पास बहायओ ने आ बैठा ई शगन मनायके ते
नाढ़ू शाह बनया मसत हो आशक माशूक नूं कोल बहायके ते
खेड़े आप जा घरी बेफिर सुते तामा[7] बाज दे हथ फड़ायके ते
ओहनां खेह सिर घतके पिटना ए जिन्हां विआही सी धड़ी बनायके[8] ते
वारस शाह फिर तिन्हां ने वैन करने जिन्हां विआहियों घोड़ियां गाय के ते

547

अधी रात रांझे पीर याद कीता तुरा[9] खिजर दा हथ लै बोलया ए
शकरगंज दा पकड़ रूमाल चुमे अते मुंदरी शहबाज दा तोलया ए
खंजर कंढ मखदूम[10] जहानिए दा विचों रूह रंझेटे दा डोलया ए
पीर बहावदीन जिकरिए धमक दिती कंध डाह के राह नूं खोलया ए

1. झगड़ा। 2. चुप-चाप। 3. पत्नी। 4. चालीस दिन जाप करना। 5. घर, मकान।
6. मरासी। 7. शिकार। 8. बाल गूंद कर। 9. पगड़ी का तुर्रा। 10. एक सूफी संत।

खूंडी सयद जलाल बुखारिए दी विचों अतर ते मुशक नूं झोलया ए
जाह बैठा ए कासनूं उठ जटा एवा नहीं तेरा राह खोलया ए
वारस शाह पछोतावे बंदगी नूं अजराईल[1] जद धौन चढ़ बोलया ए

548

निकल कोठयों तुरत तयार होया सहती आन हजूर सलाम कीता
बेड़ा ला बने असो आजजां दा रब्ब फजल तेरे उते आम कीता
मेरा यार मलावना वासता ई असां कम्म तेरा सरंजाम[2] कीता
भाबी हथ फड़ायके टोर दिता कम खेड़यां दा सभ खास आम कीता
शरम मापयां दी सभो रोड़ दिती ससी नाल जिवें आदम जाम कीता
जो कुझ होवनी ने सीता नाल कीती अते दहसरे नाल जो राम कीता
वारस शाह आप जिस ते मेहरबान होवे उथे फजल ने आय कियाम कीता

549

रांझे हथ उठायके दुआ मंगी रब्बा मेलना यार गवारनी[3] दा
एस हुब[4] दे नाल है कम्म कीता वेड़ा पार करना कम सारनी दा
पंजां पीरां दी तुरत आवाज होई रब्बा यार मेलीं इस यारनी दा
फजल रब्ब कीता यार आन मिलया वारस शाह मुराद पुकारनी दा

550

डाची शाह मुराद दी आन रिंगी ऊतों बोलया साई संवारीए नी
शाला ढुक आवे हुश ढुक नेड़े आ चड़ी कचावे ते डारीए नी
मेरी गई कतार कुराह घुथी कोई सेहर कीती टूने हारीए नी
दाई सूई दी बोतड़ी एह डाची घिन छिक पलाने दी लाड़ीए नी
वारस शाह बहिश्त दी मोरनी तूं एह फहरशतयां ऊंठ ते चाड़ीए नी

551

सहति लई मुराद ते हीर रांझा रवां[5] हो चले लाड़े लाड़ियां नी
रातोरात गए लैके बाज कूंजां सिरिया नागां दियां शिहां[6] लताड़ियां नी
आपो धाप लैके वाहोदाही नसे जयों बघयाड़ां ने तडियां पाड़ियां नी
जड़ा दीन इमान दी कटते नूं एह महरियां तेज कुहाड़ियां नी

1. मौत का फरिश्ता। 2. पूरा करना। 3. देहाती औरत भाव सहती से है।
4. प्रेम। 5. भाग गए। 6. शेर।

मियां जिन्हां वेगानड़ी नार रावी[1] मिलन दोजखी[2] ताओ चवाड़ियां नी
वारस शाह नाइयां नाल जग बधां आप मुनवायके खेड़यां दाड़ियां नी

552

इक जाण भन्ने[3] बहुत नाल खुशी भला होया फकीर दी आस होई
इक जाण रोंदे जूह खेड़यां दी अज देखो ते चौड़ नखास[4] होई
इक नाल डंडे नंगे जान भन्ने यारो पई सी हीर उदास होई
इक चितड़ वजांवदे जान भंउदे जो मुराद फकीर दी रास होई
वारस शाह ना सुंदयां ढिल लगदी जदों उसतरे नाल पटास होई

553

पहलां बाहरों आन मुराद मिलाया अगे कटक[5] बलोचां ने चाढ़ दिते
पकड़ तरकशां[6] तीर कमान दौड़े खेड़े नाल हथयारां दे मार दिते
मार बरछियां आन बलोच कड़के तेगां मारके पिंड विच वाड़ दिते
वारस शाह जां रब्ब ने मेहर कीती बदल कहर दे लुतफ[7] ने फाड़ दिते

554

हीर आखया सुते सो सभ मुठे नींद मारया राजयां रानयां नूं
नींद वली ते गौंस ते कुतब मारे नींद मारया राह भदानयां नूं
एस नींद ने शाह फकीर कीते रो बैठे ने सकत विहानयां नूं
नींद शेर ते देव इमाम कुठे नींद मारया वडे सिआनयां नूं
सुते सोई वगुतड़े मैहर वांगूं गालब नीद है देव रजानयां नूं
नींद भठ झुकाया सुटयां सुलेमान ताईं देंदी नींद छुडाए टिकानयां नूं
रांझे हीर नूं बन्ह लै तुरे खेड़े दोवें रोंदे नी वकत विहानयां नूं
नींद पुतर यकूब दा खूह पाया सुनया होसियां यूसफ दे बानयां नूं
नींद जिबा कीता असमाईल ताईं यूसफ पेट मछी विच पानयां नूं
नींद वेख जो ससी नूं वखत पाया फिरे ढूंढ़दी यार बाहनयां नूं
साढे तिंन हथ जिमी है मुल तेरा वारस शाह क्यों वले वलानया नूं

---

1. भोगना। 2. बुरे काम करने वाले। 3. दौड़े।
4. मंडी। 5. फौज। 6. भथे। 7. मेहरबानी।

555

हाए हाए मुठी मत ना लईया दिती अकल हजार जोगेटया वे
वस पयों तूं वैरियां डाढयां दे की वाह है मुशक लपेटया वे
जेहड़ा खिंडया विच जहान सारे नहीं जावना मूल समेटया वे
राजा अदली है तखत ते अदल करदा खड़ी बांह कर कूक सुखरेटया वे
बिना अकल दे नहीं सभ हसाब होसी तेरे नाल ही मीपां रंझेटया वे
नहीं हूर बहिश्त दा हो जांदी गधा जरी दे नाल लपेटया वे
असर सुहबतां दे कर जान गलबा जाह राजे दे पास जटेटया वे
वारस शाह मियां तांबा हाय सोना जदों कीमिया दे नाल भेटिया वे

556

कू कू कीता कूक कूक रांझने ने उचा कूकदा चांगर[1] धरासदा ए
बू बू मारके ललकारां करे धुमां राजे पुछया शो विशवास दा ए
रांझे आखया राजया चिरी जीवें तेरा राज ते हुकम अरासता[2] ए
हुकम मुलक दिता तैनूं रब्ब सच्चे करम रब्ब दा फिकर गम कासदा ए
तेरी धाक पई रूम शाम अंदर बादशाह डरे आस पास दा ए
तेरे राज विच बिनां तकसीर मारे ना गुनाह ते ना कोई वासता ए
मखी फसदी ए जिवें शहद अंदर वारस शाह इस जग विच फासदा ए

557

राजे हुकम कीता चढ़ी फौज बांकी आ राह विच घेरयो खेड़यां नूं
तुसी हो सिधे चलो पास राजे छड दयो खां छलां[3] झेड़यां नूं
सानूं हुकम जो चोर न जान पाए चलो छडो दुखां दयां फेड़यां नूं
पकड़ विच हजूर दे लिआए हाजर राहजनां[4] ते खेहरयां भेड़यां नूं
बन्न खड़ांगे इक ते आप चलो नहीं जाणदे असीं बखेड़यां नूं
वारस शाह चन्न सूरजां ग्रहन लगे ओह फड़े ने आपने फेड़यां नूं

1. खुशी मनाना। 2. रब्बी। 3. धोखा। 4. लुटेरे।

558

खेड़े राजे दे आन हजूर होए मुंह बने ने आन फरयादियां दे
रांझे आखया खोह लै चले नढी एह खोहरू[1] परहे वेदादियां[2] दे
मैथों खोह फकीर तों उठ नठे जिवें पैसयां नूं डूम शादियां दे
मेरा नयां राजा साहब तेरे अगे एह वडे दरबार नी आदियां दे
चिटियां दाढ़ियां पगड़ियां वेख भुले एह शैतान ने अंदरों वादियां दे
वारस शाह बाहरों सुफैद सयाह विचों तंबू होण जिवें मालजादियां[3] दे

559

खेड़यां जोड़के हथ फरयाद कीती नहीं वकत हुण जुलम कमावने दा
एह ठग जे महजरी[4] बड़ा खोटा सेहर जानदा सरहों जमावने दा
वेहड़े वड़दयां नढियां मोह लैंदा इस नूं इलम जे रन्न वलावने दा
साडी नूंह नूं इक दिन सप्प लड़या ओह वकत सी मांदरी लयावने दा
सहती दसया जोगिड़ा वांग काल ढम जानदा झाड़या पावने दा
मंतर झाड़े नूं असां ने सद आंदा सानूं कम सी जिंद बचावने दा
लै के दोहां नूं रातों ई रात नठा फफर वली अला फेरा पावने दा
विचों चोर ते बाहरों साध दिसे इसनूं वल जे भेख वटावने दा
राजे चोरां ते यारां नूं मार देनी सूली रसम है चोर चढ़ावने दा
भला करे ते एहनूं मार सिटे हुकम आया है चोर मुकावने दा
वारस शाह बेअमल चाकरी कोई रब्बा रखां आस मैं फजल करावने दा

560

रांझे आखया सोहनी रंन डिठी मगर लग मेरे आ घेरया ने
नठा खौफ थीं एह हन देस वाले वेखो कटक अज गैब दा छेड़या ने
पंजां पीरां दी एह मजावरनी[5] ए एहनां किधरों साक सहेड़या ने
सभा राजयां रानयां धक छडया तेरे मुलक विच आनके छोड़या ने
देखो विच दरबार दे झूठ बोलन एह वडा ही फेड़ना फेड़या ने
मजरूह[6] सां गमां दे नाल भरया मेरा अलड़ा घाओ उचेड़या ने
कोई रोज जहान ते वाओ लैनी मैंनूं मार के चा खदेड़या ने

1. डाकू। 2. बेरहम। 3. कंजरियां, वेश्याएं। 4. अडंबरी। 5. मज़ावरनी हुक्म। 6. ज़ख्मी।

आप वारसी बने इस बहूटड़ी दे मेरे संग दा संग नखेड़या ने
राजा आखदा करां मैं कतल सारे तेरी चीज नूं जरा जे छेड़या ने
सच आख तूं मारके करां पुरजे कोई बुरा जे एस नाल फेड़या ने

561

राजे आखया तुसां तकसीर[1] कीती एह वडा फकीर रजानयां जे
नक कन वढा दयां चाढ़ सूली ऐवें कोई एह गल ना जानया जे
रजे जट ना जाणदे किस ताईं तुसीं अपने कदर पछानया जे
रन्नां खोह फकीरां दे राह मारन तंबू किबर[2] गुमान दा तानयां जे
राती चोर ते दिने उधालियां ते शैतान वांगूं जग रानया जे
काज़ी शरह दा तुसां नूं करे झूठा मौजां सूलियां दीयां तुसां मानयां जे
एह नित हंकार ना मान रहिंदा कदी मौत तहकीक पछानयां जे
वारस शाह सराए दी रात वांगूं दुनियां खाब खयाल है जानया जे

562

जदों शरह[3] दी आनके रजूह[4] होए काजी आखया करो ब्यान मियां
दिओ खोल सुनायके बात मैंनूं करां उमर खताब दा निआउं मियां
खेड़े आखया हीर सी साक चंगा घर चूचके सयाल दे जान मियां
अजू खेड़े दे पुत नूं खैर कीता होर ला थके लख तरान मियां
जंज जोड़के असां विआह आंदी टके खरच कीते ढेर दान मियां
लख आदमी दी ढुकी प्रथवी सी हिंदू सिख अते मुसलमान मियां
असां लायके दम विआह आंदी देस मुलक रहया सभो जान मियां
असां खोल्ह के हाल बियान कीता झूठ बोलना बहुत नुकसान मियां
रावन वांग लै चलया सीता ताईं एह छोहरे तेज जबान मियां

563

रांझा आखदा पुछो खां एह छापा किथों दामन नाल चमेड़या जे
राह जांदड़े किसे ना पैन चंबड़े एह भूतना किथों सहेड़या जे
सारे मुलक एह झगड़दा पया फिरदा किसे हटकया ते नहीं होड़या जे
वारस शाह कुसुंभे दे फोग वांगूं ओहदा उड़का रसा नचोड़या जे

1. गलती। 2. घमंड। 3. शरीयत। 4. ध्यान।

564

कितों आया ए काल विच भुखा मरदा एह चाक सी महर दियां खोलियां दा
लोक करन विचार जवान बेटी उहनूं फिकर शरीकां दियां बोलियां दा
छैल नढड़ो वेखके गिरद होया हिलया होया सयालां दियां गोलियां दा
महीं चारके मचया दावयां ते होया वारसी साडियां डोलियां दा
मौजू चौधरी दा पुत आखदे सन पिछलग हजारे दियां ढोलियां दा
हक करीं जो उमर खताब कीता हथ वढना झूठयां रोलियां दा
नौशेरवां गधे दा अदल कीता अते कंजरी अदल तंबोलियां दा
नाद खपरी ठगी दे बाब सारे चेता करे धयान जे झोलियां दा
मंतर मारके खुंभ दा करे कुकड़ हीरा निम्म दा करे नमोलियां दा
कंघी लोहे दी तायके पटे वाहे सरदार है बड़े गयोलियां दा
अंब बीज तंदूर विच करे हरया बने मोकयों बालका औलियां दा
वारस शाह सभ ऐब दा रब्ब महरम ऐवें सांग है पगड़ियां पोलियां दा

565

काज़ी आखया बोल फकीर मियां छड झूठ दे दब दबेड़यां नूं
असल गल जो आख दरगाह अंदर ना कर ज़िकर तूं झगड़यां झेड़यां नूं
सारे देस विच धुम ते शोर होया दोवें फड़े हो आपने फेड़यां नूं
एस जट दी शरम जे लाह सुटी खुआर कीता जे सयालां ते खेड़यां नूं
पहलां मचयों आनके दावयां ते है सलाम वलां छलां तेरयां नूं
आबू[1] भुन्नदियां झाड़ के चब[2] चुका हुण वौहटड़ी देह खां खेड़यां नूं
आओ वेख लवो सुनन गिनन वालयो ए मियां जा डोबदे बेड़यां नूं
दुनियांदारां नूं औरतां जुहद फकरां मियां छोड़ दे झगड़यां झेड़यां नूं
काज़ी बहुत जे आंवदा तरस तैनूं बेटी आपनी बखश दे खेड़यां नूं
नित माल पराया चुरा खांदे एह दस मसले राही पेड़यां नूं
ऐबी[3] कुल जहान दे पकड़नीगे वारस शाह फकीर दे फेड़यां नूं

1. आधा भुन्ना दाना। 2. चमक। 3. ऐब करने वाला।

566

काज़ी खोह दिती हीर खेड़यां नूं यारो एह फकीर दगौलिया[1] जे
विचों चोर ते यार ते लुचा लुंडा वेखो बाहरूं वली ते औलिया जे
दगेदार ते झागड़ू कलाकारी बनी फिरे मुशायख[2] मौलिया जे
वारस दगे ते आवे तां सफ गाले अखीं मीट बहि जापे औलिया जे

567

हीर खोह खेड़े चले वाहो दाही रांझा रहया मुंह कज हैरान यारो
उजड़ जाए कि निघरे गरक होवे वेहल दए ना जिमी असमान यारो
खेप मारिए खेतड़ी सणें बोहल हक अमलियां दे रूड़हे जान यारो
डेरां वेख के मीर शिकार रोवन हथो जिन्हां दिओं बाज उडजान यारो
उन्हां होश ते अकल रहिंदी सिरीं जिनहांद पैन व दान यारो
हीर लाह के घुंड हैरान होई सती चिखा दे विच मैदान यारो
तिखा दिदड़ा वांग महांसती[3] दे मल खड़ी सी इशक मैदान यारो
चुप मिसल है बोलनों रही जटी दिनां रूह दे जिवे इनसान यारो
विच ओढने सहम दे नाल छपी जिवे विच किरबान कमान यारो
वारस शाह दोवें परेशान होए जिवे फड़े लाहौल शैतान यारो

568

रांझा आखदा जाह की वेखनी ए बुरा मौत थीं इह विजोग है नी
पए धाड़वी लुट लै चले मैंनूं इह दुख की जानदा लोग है नी
मिली रांझे नूं हीर ते सवाह मैंनूं तेरे नाम दा असां नूं रोग है नी
बुकल लेफ दी जफियां वहुटियां दियां एह रुत सयाल दा भोग है नी
शौकन रंन गवांढ कपतयां दा भले मरद दे बाब[4] दा रोग है नी
खुशी किव होवन मरद फुल वांगूं घरी जिन्हां दे नित दा सोग है नी
तिन्हां विच जहान की मजा पाया गल जिन्हां दे रेशटा[5] जोग है नी
जेहड़ा बिनां खुराक दे करे कुशती ओस मरद नूं जानिए फोग है नी
आसमान ढह पवे ते नही मरदे बाकी जिन्हां जहान ते चोग है नी
कूंज कां नूं मिले ते शोर पैंदा वारस शाह एह धुरों संजोग है नी

1. पाखंडी। 2. सूफी, भगत। 3. बदकार हस्ती। 4. बस में होना। 5. श्राप।

569

बर वकत[1] जे फजल[2] दा मींह वसे बरा कौन मनावदा रूठयां नूं
लब यार दे आबहयात बाझों कौन जिंदगी बखशदा कठयां नूं
दोवे राह फिराक दे मार लए करामात मनांवदी रुठयां नूं
आह सबर दी मार के शहर साडो बादशाह जाणे असां मुठयां नूं
बाझ सेजणां पीड़ वंडावयां दे नित कौण मनांवदा रुठयां नूं
बिनां तालयां[3] नेक दे कौन मोड़े वारस शाह दे नाल आ फुटयां नूं

570

हीर नाल फिराक[4] दे आह मारी रब्बा वेख असाडियां भखन भाही
अगे अग पिछे सप शीह सांडे साडी वाह ना चलदी चौही राही
इके मेलसाइयां रांझा यार मैनूं इके दोहां दी ऊमर दी अलख लाही
एडा केहर कीता देस वालया ने एस शहर नूं कादरा अग लाई

571*

रब्बा उह पाई कहर शहर उते जेहड़ा घर फरऔन डुबाया ई
जेहड़ा कहर होया नाजल जिकरी ते उहनूं घत शरांह दराया ई
जेहड़ा पायके कहर ते सुट तखतों सुलेमान तों भठ झूलकाया ई
जेहड़े कहर दे नाल फिर शाह मरद इक नफरतों कतल कराया ई
जेहड़े कैहर दा युनस ते पा बदला ओहनूं डगरे तों निगल वाया ई
जेहड़े कैहर ते सबक दी पकड़ कीती इसमाईल नूं जिबा कराया ई
जेहड़े घतक गजब ते बड़ा गुसा यूसफ खूह दे विच पवाया ई
जेहड़े कहर दे नाल यजीदां तों मजलूम हुसैन कुहाया ई
ओहो कहर घती इस शहर उते सिर इतलयां दे जेहड़ा आया ई

572

रांझे हथ उठाय दुआ मंगी तेरा नास जबार कहार साई
तूं ते अपने नाम कहर पिछे एस शहर नूं कादरा अग लाई
सारा शहर उजाड़ के साढ़ रब्बा रख लई हैवान ते माल गाई
साडी शरम रहे करामात जागे बंने बेड़ियां साडियां जा लाई
वारस शाह पीरां सुनी कूक साडी अज राजे दे शहर नूं अग लाई

1. सही समय पर। 2. कृपा। 3. किस्मत। 4. बिछोड़ा।

*इस पद्य में अलग-अलग देशों के राजाओं के नाम हैं।

573*

जिवें इंदर ते कहर दी नजर करके महखासरो पुरी लुटवाया ई
सुरग पुरी अमरापुरी इंद्रपुरी देवपुरी मख वासते लाया ई
कहर घती जे भदरका मारयो ई चंड मुंड सभ भसम कराया ई
रकत बीज महखासरों लाह सुटे परचंड कर पलक विच आया ई
ओह कोप करी जेहड़ा पया रावन रामचंद तों लंक लुटवाया ई
ओह कोप करी जेहड़ा पांडवां तों कुरक्षेत्र दे विच करवाया ई
द्रोपदी चाड़ जो लायक भील भीखम जेहड़ा कौरवां दे गल पाया ई
करोध घतके जोय हरनाकशे ते नाल नखा दे ढिड पढ़वाया ई
घत करो जो द्रोपदी नाल होई वेद नाल पुरान बचाया ई
घत करोप जो राम नाल नील लछमन कुंभकरन ते बाब कराया ई
घत करोप जिउ बाली ते राम कीता अते मारक चा चरवाया ई
घत करोप जिउ सीता मारिच मारयो महादेव दा कुंड काप भनाया ई
घत करोप करी जेहड़ा सिरा इतनयां दे चिखा बूहे दे विच कराया ई
एसदा आखना रब्ब मनजूर कीता तुरत शहर नूं अग लगाया ई
वारस शाह मियां वांग शहर लंका चारों तरफ ही अग मचाया ई

574

आह आशकां दी सुण अग मची वेख रब्ब दीयां बेपरवाहियां नूं
लगी अग चौतरफ जां शहर सारे कीता साफ सभ झुगियां झादियां नूं
सारे देश विच धुम्मते शोर होया खबरां पहुचियां पांधियां राहियां नूं
लोकां आखया फकर बद्दुआ दिती राजे भेजयां तुरत सिपाहियां नूं
पकड़ खेड़े करो हाजर नही जानदे जबत[1] बादशाहियां नूं
चलो होवे हाजर खेड़े फड़े ने वेख लै काहियां नूं
वारस शाह सूम-सलवात[2] दी पुछ होई एहनां दीन ईमान उगाहियां नूं

1. कानून। 2. दुआ के लिए रोज़ा-नमाज़ रखना।
*इस पद्य में इंद्र की बहुत सारी पुरियों के नाम हैं।

575

रब्ब फज़ल[1] कीता राजे अदल[2] कीता दिता यार नूं यार मिलाय मियां
उहना मुढ कदीम दी दोसती सी जाणे रब्ब रसूल खुदाय मियां
हीर खोहके रांझे दे हथ दिती कीती जोगी ने खैर दुआय मियां
रांझे हथ उठा दुआ कीती अला पाक दी सिफ्त[3] सुनाय मियां
तेरे हुकम ते मुलक विच खैर होवे तेरी दूर होवे कुल बलाय मियां
अन्न धन्न ते लछमी मलक दौलत नित होवसी दून सवाय मियां
घोड़े ऊंठ हाथी दम तोपखान हिंद सिंध ते हुकम चलाय मियां
वारस शाह रब्ब आवरो नाल रखे मिटी मुठ ही दये लंघाय मियां

576

लै के चलया अपने देस वले चल नढिए रब्ब दिवाई ए नी
चौधरानिए तखत हजारे दिए पंजां पीरां नूं वत धिणाईए नी
कढ खेड़यां तों रब्ब दिती ए तूं अते मुलक पहाड़ पहुंचाईए नी
हीर आखया ऐव जे जा वड़सां रन्नां आखसन उधली आईए नी
घत जादुड़ा देयों ने परी ठगी हूर आदमी दे हत्थ आईए नी
वारस शाह परेम दी जड़ी घती मसतानड़ी चा बनाईए नी

577

राहो राह सयालां दी जूह आए हीर आखया वेखके जूह मियां
जिथे खेडदी सी नाल खुशियां दे तकदीर सुटी विच खूह मियां
जदों जंझ आई घर खेड़यां दी चढ़ा तदों तूफान आया सिर नूंह मियां
डिठी थां जिथे कैदो फाटयां सी नाल सहेलियां बन्ह धरूह मियां

578

जाये माहियां पिंड विच जाये किहा नढी हीर नूं चाक लियाया जे
दाढ़ी खेड़यां दी सभ मुन सुटी पानी इक चुली नहीं लाया जे
सयालां आखया परहां ना जान किते जाके नढड़ी नूं घरी लियाया जे
आखो रांझे नूं जंझ बना लिआवे नढी हीर नूं डोलड़ी पाया जे
जो कुझ हैन नसीब सो दाज दीजे साथों तुसीं भी चा लजाया जे

1. कृपा। 2. न्याय। 3. गुण।

उधर हीर ते रांझे नूं लै चले इधर खेडयां दा नाई आया जे
सयालां आखया खेड़यां नाल साडे कोई खैर ना पुछणा पाया जे
हीर व्याह दिती मोई गई साथों मुंह धी दा नाही वखाया जे
ओवें मोड़ के नाई नूं टोर दिता, मुड़ फेर न असां थे आया जे
वारस तुसां ते ओह उमीद आही डंडा सुथरयां वांग वजाया जे

579

भाइयां जायके हीर नूं घरी आंदा नाल रांझना घरी मंगाइयो ने
लाह मुंदरां जटां मुंना सुटियां सिर सोहनी पग बहाइयो ने
याकूब दे पयारढ़े पुत वांगू कढ खूह थी तखत बहाइयो ने
नाल दे लागी खुशी हो सभनां तरफ घरां दी चा पहुंचाइयो ने
भाईचारे नूं मेल बहाइयो ने सभे हाल अहवाल सुनाइयो ने
वेखो दगे दी पैवंद[1] लायो ने धी मारन दा मता पकाइयो ने
वारस शाह एह कुदरतां रब्ब दियां वेखो नवां पखेड़ रचाइयो ने

580

रांझे जायके घरी अराम कीता गंढीं-फेरियां[2] सू विच भाइयां दे
सारा कोड़मा आयके गिरद होया बैठा पंच हो विच भरजाइयां दे
चलो भाईयो वयाह के हीर लयाईए सयाल लई हुनाल दुआइयां दे
जंज जोड़ के रांझे ने तैयार कीती टमक चा बधो मगर नाइयां दे
बाजे दखनी धरगां[3] दे नाल वजन लख संग छटन सिर नाइयां दे
वारस शाह विसाह की जिंदगी दा बंद बकरा दसत[4] कसाइयां दे

581

सयालां बैठ के सब विचार कीती भले आदमी गैरतां पाल दे नी
यारो गल मशहूर जहान उते सानूं मेहने हीर सयाल दे नी
पत रहेगी ना जेकर तोर दईए नढी नाल मुंढे महीवाल दे नी
कबर विच दऊस खंजीर होसन जेहड़े लाड करदे धन माल दे नी
औरत आपणी कोल जो गैर वेखन गैरत करन ना ओसदे हाल दे नी
मूंह तिन्हां दा वेखनां खूक[5] वांगू कतल करो रफीक जो नाल दे नी
सयद शेख नूं पीर ना मूल जानो अमल करन जे उह चंडाल दे नी

1. जोड़। 2. विवाह की भाजी। 3. ढोलक। 4. हाथ में। 5. सूअर।

होवे चूहड़ा तुरक हराम खावे मुसलमान वस उसदे नाल दे नी
दौलत मंद दऊस[1] दी तरक सुहबत मगर लगिए नेक कंगाल दे नी
कदी कचकड़ां लाल ना होए जांदा जे परो दईए नाल लाल दे नी
जहर दे के मारिए हीर ताई गुनाहगार जो जुल जलाल[2] दे नी
मार सुटया हीर नूं मापयां ने एह पखने उस दे खयाल दे नी
बद अमलियां जेहड़ियां करें चोरी महरम सभ तेरे वाल वाल दे नी
सानूं जनती साथ रवालना जे असां आसरा फजस कमाल दे नी
जेहड़े दोजखीं बन्ह के टोरनोगे वारस शाह फकीर दे नाल दे नी

582

हीर जान-बहक तसलीम[3] होई उन्हां दफन कर खत लिखाया ई
वली गौस ते कुतब सब खतम होए मौत सच है रब्ब फरमाया ई
असां सबर कीता तुसां सबर करना हुकम इनाकामईलुन आया ई
कुला शैई खलाकुने इलाबजाहु हुकम विच कुरान दे आया ई
असां होर उमैद सी होर रोई खाली जा उमैद फरमाया ई
रजा कतइ टले ना कदी हरगिज लिख आदमी तुरत भजवाया ई
डेरा पुछ के धीदो जा वड़या खत रोए के हथ फड़ाया ई
हुन माजूल[4] होयों तखत जिंदगी[5] तों तैनूं हुकम तगइयर[6] दा आया ई
मेरे माल नूं खैर है कासदा ओए आख कासनूं डुसकना लाया ई
तेरे माल नूं धाड़वी ओह पया जिस तों कदी नां किसे छुड़ाया ई
हीर मोई नूं अठवां पहर होया मैंनूं सयालां ने अज भजवाया ई
वारस शाह मियां गल ठीक जाणी तैथों कूच दा आदमी आया ई

583

संन यारां सौ असी नबी हिजरत लमे देस दे विच तयार होई
अठारां सौ बाईसया सनमती दा राजे विक्रमाजीत दे सार होई
चोर चौधरी यार ते पाक दामन भूत मंडली इक दो चार होई
वारस शाह जिन्हां केहा पाक कलमा, बड़ी तिन्हां दी आकबत पार होई

1. दुष्चरित्र। 2. ताकतवर। 3. देहांत।
4. भाव मर गई। 5. जीवन से। 6. परिवर्तन।

584

खरल हांस मलकां मशहूर मुलकां जिथे शे'र कीता यारां वासते मैं
परख शे'र दी आप कर लैन शायर घोड़ा फेरया विच निखास दे मैं
पढ़न गभरू देस विच खुशी होके फुल बीजिया बास दे वासते मैं
वारस शाह ने अमल दी रास मैथे करां मान नमानड़ा कास ते मैं

585

अफसोस मैंनूं आपणी नाकसीं[1] दा गुनाहगार नूं हशर दे सूर दा ए
एना मोमनां खौफ ईमान दा ए अते हादियां बैंत मंसूर दा ए
सूबेदार नूं तलब सपाह[2] दा ए अते चाकरां काट कसूर दा ए
सानूं शरम ईमान वा खौफ रहिंदा जिव मूसा नूं खौफ कोहतूर[3] दा ए
इन्हां गाजियां[4] करम बहिश्त होवे ते शहीदां नूं वायदा हूर दा ए
एवे बाहरों शान खराब विचों जिवे ढोल सुहांवदा दूर दा ए
वारस शाह वसनीक जंडयालड़े दा ते शगिरद मखदूम कसूर दा ए

586

खतम रब्ब दे करम दे नाल होई फरमायश पयारड़े यार दी सी
ऐसा शे'र कीता पुर मगज मौजूं[5] जेही मोतियां लड़ी शहवार दी सी
तूल खोल के[6] जिकर बयान कीता रंग रंग दी खूब बहार दी सी
तमसील[7] दे नाल बयान कीता जेही जीनत[8] लालां दे हार दी सी
जो कोई पड़े सो बहुत खुरसंद होवे वाह वाह सभ खलक पुकारदी सी
वारस नूं सिक दीदार दी सी जेही हीर नूं भटकना यार दी सी

587

बखशीं लिखने वालयां जुमलयां नूं पढ़न वालयां करी अता साईं
सुनन वालयां नूं बहुत खुशी होई रखन जौक ते शौक दा चा साईं
रखी शरम हया तूं जुमलयां दा मीटी मुड़ ही दई लघां साईं
वारस शाह तमामियां मोमनां नूं दई दीन ईमान लुका साईं

---

1. बेबसी। 2. फौज। 3. तूर पर्वत। 4. धर्मयोद्धा। 5. सटीक, उम्दा। 6. पूरी लंबाई में, विस्तार से। 7. नाटक (नाटकीयता)। 8. शोभा।

588

हीर रूह ते चाक कलबूत जानो बालनाथ एह पीर बनाया ई
पंज पीर ने पंज खवास[1] तेरे जिन्हां थापना तुध नु लाया ई
काज़ी हक झंवेल ने अमल तेरे अयाल मुनकिर नकीर[2] ठहराया ई
कोठा गैर दा अते अजराईल खेड़ा जेहड़ा लैंदा ई रूह नूं धाया ई
सइयां हीर दीयां घर बार तेरा जिन्हां नाल पैवंद[3] बनाया ई
कैंदों लंगा शैतान मलऊन[4] जानों जिसने विच दीवान फड़ाया ई
बांग हीर दे बन्ह लै जान तैनूं किसे नाल ना साथ लदाया ई
जेहड़ा बोलदा नातका[5] वंझली दा जिस होश दा राग सुनाया ई
सहती मौत ते जिसम है यार रांझा उन्हां दोहां ने भेड़ मचाया ई
शैहवत भाबियां ते भुख रवेल बांदी जिन्हां जन्नतों बाहर कढाया ई
जोगी तारक[6] बणया कन्न पाड़ जिसने सभ अंग भबूत रमाया ई
दुनियां जाण एवे जिवे झंग पेके गैर कालड़ा बाग बनाया ई
त्रिंजन एह बद-अमलियां तेरियां ने कढ भिशत थीं दोजखी पाया ई
ओह मसीत है माऊ दा शिकम[7] बंदे जिस विच शब-रोज[8] लंघाया ई
अदली राजा ते नेक ने अमल तेरे जिस हीर ईमान दिवाया ई
वारस शाह मियां बेड़ा पार तिन्हां जिन्हां रब्ब दा नाम धिआया ई

—0—

1. खास, मददगार। 2. चित्रगुप्त। 3. रिश्ता। 4. दुतकारा हुआ, जिस पर लानत बरसे।
5. बोलने की क्षमता। 6. त्यागी। 7. गर्भ। 8. रात-दिन।